JN216581

Please Tell Me! DAIJOBUTA

ダイジョーブタが
あなたの悩みを
解決します！

浅見帆帆子
Hohoko Asami

フォレスト出版

ボクはダイジョーブタ。
なんでも聞いてあげるよ。

ダイジョーブッダ
だよ!?

ボクは毎日幸せ。

みんなにも幸せになってもらいたい。

そのための考え方と方法を伝えたい。

もっと自由に、キミが楽になるように。

たまに、帆帆ちゃんも
ビックリすることを
つぶやいちゃったりするけど、
そこは許してね。

好きなこと
お昼寝、お風呂、絵を描くこと、
お掃除、パンケーキ、南の島

Chapter 3

生きること
LIFE

Chapter 4

心の葛藤
IN YOUR MIND

Chapter 5 スピリチュアルなこと
SPIRITUAL

1 恋すること・出会い

LOVE

私は一生ひとり?

相談内容

私は、28年間彼氏がいないです。
好きな人ができても、いつもフラレてしまったり、見向きもされません。
それでも、毎日を楽しく過ごそうとしてるんですが、たまにすごく悲しくなって一生、ひとりなのかなぁと思ってしまいます。
ダイジョーブタさん、アドバイスお願いします!

(千葉県・28歳・女性)

ダイジョーブタからの回答

キミは、自分のことが好き? パートナーができるときってね、その人自身が輝いているんだ。
それは大げさなことじゃない。生活を楽しんでいたり、毎日に穏やかな幸せを感じていたり、遊びでも仕事でも、目の前の作業に没頭していたり……。そうやって楽しく暮らしていると、その波動に見合うものが来るから、楽しいこと(パートナーとの出会い)もやって来る。
自分を大事に、自分を甘やかして、もっともっと自分を喜ばせてあげていいよ♪
自分が自分を好きじゃなくて、他に誰が好きになってくれるの!?
ボクなんて、自分が一番好き。

ダイジョーブッダの教え

もっと自分を甘やかしていい。

It's okay to spoil yourself more.

9

この人は「運命の人」!?

相談内容

私の願いは「好きな人と恋人になり結婚すること」です。今は親しくないものの「運命の人」と思う事があり、信じています。そのため、日々感謝し、楽しい未来を想像して頑張っていますが、変化がないと「運命の人ではないのかも」と思ってしまいます。恋愛で前向きに相手を想い続けるコツなどありますか?

（奈良県・37歳・女性）

ダイジョーブタからの回答

楽しい未来をイメージできているなら、あとは行動を起こすことじゃない?
行動を起こさないと、運命の人であってもチャンスは来ない。イメージと行動をセットにして進むと、必ず変化が起こるよ!?
「運命の人」っていうのは、「結果的に運命の人だった」というだけで、「なにも起きないから、運命の人じゃない」という意味ではない。
「運命の人」かどうかを前提にしないで、「この人を好き」という自分の気持ちで行動することだと思うなあ。

ダイジョーブタの教え

「運命の人」は結果論。

You won't know if you are soul mates until later on.

21歳の年齢差カップルって……

相談内容

以前ダイジョーブタさんに相談した者です。当時大好きだった人とは別れてしまいました。落ち込んでいたけど、新しい年を迎え、気持ちを新たにスタートをしたとたん、ライブ先で21歳も年下の人と知り合い、お付き合いしてほしいと言われました。シャイだけど好青年。
しかしこの年齢差は非常識でしょうか。

（東京都・51歳・女性）

ダイジョーブタからの回答

多分、「気持ち」としては答えが出ているよね？
年齢差に非常識もなにもない。ふたりが惹かれあっているのだったら、それが答え。
人生、いろんなことを味わうためにあり、そんな楽しい状態になっているなんて、すごくうらやましいじゃないか！
キミが魅力的であることの証だよね。
「若さ特有のエネルギー」というのはたしかにあるから、それをたっぷり吸収すればいいし、実は相手にも、キミから刺激を受けることがたくさんあるわけで（だから好きになっているわけで）、お互いのエネルギー交換ができる最高のパートナーになれると思うけど？

ダイジョーブッダの教え

「年齢（差）」という考え方の
枠は必要ない。

There's no need to limit yourself because of an age difference.

出会いを引き寄せる方法

恋愛や結婚の適齢期は年齢ではないと思っていますが、この年齢まで恋愛の経験も少なく出産のことを考えると焦る気持ちもあります。出会いを引き寄せやすいイメージのしかたをおしえてください。

（広島県・43歳・女性）

「私が大好きになる人と出会って恋に落ち、結婚する」と決めること。

それをはっきりと、宇宙に宣言すること。

それを思いながら、同時に「どうしよう、焦っちゃう、このままでいいんだろうか？」の方に意識が向いていない？　キミが毎日時間をかけて考えていることを、引き寄せていくんだよ！?

望んでいないことを、不安のあまり思わず考えてしまったら、「あ、こういうときこそ、考えなくていいんだった」と思い出して、別のことに意識をそらす。

不安になったときのモヤンとした心の状態を深く味わう前に終わらせるんだ。

味わってしまうと、それを引き寄せてしまうから。

はっきり宣言すること、毎日その宣言を繰り返すこと、出会う覚悟をすること。

はっきり決めること、
宣言すること。

Declare, with intent,
the goals you decide.

実らぬ恋はあきらめるべき？

相談内容

実らない恋愛をしてます。お互いに家庭があり、お互いを必要としていて、未来がないことも承知してて辛いです。でも別れることはもっと辛く、どちらを選択しても辛いです。でも、一緒にいる時だけはとても幸せですが、無理に別れた後で幸せになるかもしれません。良心や正義感に沿う選択が宇宙の選択なら、別れるべき？

（岐阜県・46歳・女性）

ダイジョーブタからの回答

良心や正義感に沿う選択が宇宙の選択？
……それは違うな。
宇宙には、「良い、悪い」の判断基準はなく、キミがそれを「悪い」と思えば、どんな行動も悪になり、それに続く未来が来る、というだけ。
たとえば、「今の夫に不満だから」とか、「飽きたから」というような一時的な理由で新しい人に魅かれているのであれば、その人と新たに結婚しても必ず同じ状態がやって来る。
でももし、これまでのパートナーとの間にいろいろな事情があり、新しい人と、お互いに魂の結びつきを感じてしまうぐらいの出会いとなっている場合は、お互いがそれぞれの今の家族と向き合い、新しい形をとることに決めれば、それは「悪」にはならない。

今までのパートナーとうまくいかなかった原因は、
新しい出会いより前から必ずあったはずだよね。
続けるか別れるか、今すぐに答えを出そうとしな
くてもいいんじゃない？
これまでのパートナーとの関係か、今好きな新し
い人との関係か、時間が経てば、無理がある方が
必ず崩れる。
だから流れにまかせておけばいい、とボクは思う
な。

ムリがあるものは
必らず こわれる…
　　　…こわれていい

宇宙に善悪の
判断基準はない。

There is no standard for right and
wrong in the universe.

彼女がいる男性との付き合い方

相談内容

私が好きな人には7年お付き合いしている彼女がいます。でも彼は私のことも大好き、付き合いたいと……。今まで何回も会ったりして確認しましたが、彼女とは別れるつもりはないみたい。

私は遊び相手と認めたくない気持ちもあり、同じ職場で毎日彼と顔を合わせると、あきらめる姿勢を貫けません。

（秋田県・33歳・女性）

ダイジョーブタからの回答

相手に彼女がいるのと、キミが彼を好きなことは別問題。彼女がいようといまいと、彼と一緒にいる時間が楽しいならば今のままでいい、とボクは思う。「こうあるべき」という理屈や正しさで気持ちを封じ込めても、気持ちは必ず吹き出すからね。ただ、彼に彼女のことでなにかを要求しないこと、ふたりの時間だけを大事にすること。それができるのなら、あなたが彼に飽きるまで、他の人が出てくるまで、好きでいてもいいんじゃない？永遠に同じ状態というのはあり得ない。意外と、全員にとってビックリな嬉しい展開になるかもしれない。だから、今、「あきらめる姿勢を貫けない」のであれば、貫かなくていいんだよ……。

ダイジョーブッダの教え

あきらめられなければ、
あきらめなくていい。

If you feel you can't give up on someone,
it's okay to keep on persevering.

心から「好き」と思える人がいない

相談内容

好きになれると思って付き合ってみたものの、心から好きとどうしても思えません……。
別れてこの先、自分が理想とする人に出会えるんだろうか……と考えてしまいます。
やっぱり一生一緒に添い遂げる人は心から好きと思える人がいいです。
ダイジョーブタさん、私出会えるのかな……。

（秋田県・27歳・女性）

ダイジョーブタからの回答

出会う出会う〜!!（笑）
「この人以上に好きになる人は一生出てこない！」と思ったときがボクにもあったけど、そんなのはウソだった（笑）。
世の中は広いよ〜。心から好きになれないその人と、これから先50年も一緒に暮らすなんて、できる？　その我慢、必要ある？
もっといい人が必ずいる……本当にそう思えた人は、必ず次の人と出会うんだよ。

世界は広いよ

ダイジョーブッダの教え

好きになる人は必ず現れる。

You'll definitely meet a person you can fall for.

17

begin

1

1

1

ずっと思い続けている特別な彼の存在

私はずっと思い続けている特別な存在の異性がいます。彼とは幼なじみで、今は年に数回しか会えない状況ですが、毎日彼の幸せを願い、こんなに想える人はこの先いないと思うし、彼と将来一緒になれる気がします。これは直感・本音なのか、昔の彼を美化しているだけで、執着なのでしょうか？

（埼玉県・27歳・女性）

彼に、キミの思いは伝えてあるのかな？
ただ、思い続けているだけなのかな？
好きな人のことを美化するのは、まったく問題ない。誰でも好きな人のことは知らない間に美化している、それが恋だもん。
でも、キミの特別な思いはきちんと伝えないと伝わらないよ～！　何年も前に伝えていても、状況はまた変わっている。今のキミの本音を伝えてみると、まずはキミ自身がスッキリするし、スッキリすると、次の心の変化があるかも……。
「伝えないけれど、好きでいる」という道を選ぶのであれば、いちいちブレないこと。明るいことだけを見て過ごすこと。
「彼の幸せを願っている」ということは、彼がどんな

女性を選んでも、その幸せを心から祝ってあげられる、ということだよ？　それ、我慢じゃなくて、できる？

できないとしたら、それは「自分と結ばれる彼」が前提で、その彼の幸せを望んでいるというだけ……つまり、いつかは自分の思いを伝えなければ、何も変わらない。だったら、手遅れになる前に、（彼が誰かと結ばれる前に）今伝えたっていいと思うんだけどな。

長〜い「思い」は
いますぐ伝える。

You should tell him right now the
feelings you've held in for so long.

ダイジョー
ブッダの教え

もう1度、彼とやり直したい

付き合っていた彼に別れを告げられました。付き
合っている間、彼をありのままで愛することがで
きてなかったことに、その時気がつきました。後
悔していますが、この機会がなければ気づけませ
んでした。いつかもう1度彼とやり直したいので
すが、いいアドバイスはありますか。

（沖縄県・29歳・女性）

相談内容

ほお〜

ホントに、「それがなくちゃ気づけなかったすごいこと」なんだよね。それに気づかないと、同じ人でも別の人でも、キミは同じことを繰り返す……今気づいて、本当によかった、だから後悔はまったく必要ない。

今の気持ちで、穏やかに今目の前にあることに向かっていれば、また必ず会って話すチャンスは来るよ。本当にキミが変わると、相手はそれに気づくから。

ただ、「相手を変えよう」とか「変わった私を認めてもらおう」と期待しちゃダメなんだ。彼に見せるために変わるわけじゃない。最終的に、キミにとってベストな人と出会うために変わったんだから。

彼だろうと、新しい人だろうと、「今の自分に最高の人が来る」と思って過ごすこと！　レベルアップした自分に、どんな出会いがあるか、ワクワク♪

ダイジョーブッダの教え

自分が変わると、出会う人が変わる。

When you change, the people you meet change, too.

裏切られたことが忘れられない

バツイチです。真剣にお付き合いしていた彼がいたのですが、彼はウソを付く人で、我慢できずにお別れしました。早くすべてを忘れて前を向いていきたいのですが、彼に裏切られたことが頭から離れず、ずっと苦しいです。立ち直って前向きになりたい。どうしたらいいでしょうか。

（愛知県・36歳・女性）

ウソばかりつく人と離れることができて、本当に良かったね！

これで、その経験はもう終了。充分に味わったから、次は同じような人はやって来ないよ！

でもね、それをいつまでも思い出したり、「自分はそういう困った状況になりやすい」なんて考えていたりすると、また同じような人を引き寄せるよ!? キミが考え続けていることを引き寄せるのが、この世の「引き寄せの法則」なんだ。

いつまでも思い出していれば、「そういう人」を引き寄せやすくなるので、「やっぱりまた裏切られた」という状況になりやすくなる………つまり、自分が思った通りの現実を生きているんだ。

もう、それは終わり、今からでも、その連鎖は止めら

れる。

もし、記憶喪失になってそのことを忘れてしまったとしたら、それは起きていなかったのと同じことだよね!?

「はい、ナシ!」としちゃっていいんだよ!?「あれを心の中で解決しなくては!」なんて思う必要はない。「こらしめてやりたい」と思う必要もない。ウソばかりついているその人は、きっと別のなにかで学ぶときが来るから、ほうっておけばいい。このことは、キミの人生に、なにも悪い影響を与えていない!

それでも、「ダイジョーブタ君はこれを経験していないから、そんなことが言えるんだ……」とキミが思うとしたら、キミは「いつまでも、そこに悩んでいたい自分」を選んでいることになるよね。

ダイジョー
ブッダの教え

ボクらは「思った通り」の
現実を生きている。

We live in a world built from our own
state of mind.

このまま好きでいていいのでしょうか？

相談内容

大好きな人がいます。知り合った頃はたくさん会って
たくさんメールもしてました。3年が経ち、会う回数
もメールもないに等しいくらいです。でも切れたわけ
じゃなく、時々のメールでお互い励ましあったりして
ます。このまま好きでいていいのか、会えないなら思
い切って別れた方がいいのか、毎日悩んでます。

（東京都・51歳・女性）

ダイジョーブタからの回答

「会えないから好きじゃなくなる」「会えるから好き」
……ではなく、本当に相手のことが好きだと、どんな
状況になっても「好き」だよね。

「会えなくなったら好きじゃなくなってきた」と感じ
るならそれまでだから、やめればいい。でも、「好き
なのに（会えないから）別れよう」というのは順番が
逆になっていない？　好きならば、そのままずっと好
きでいて、いいんじゃない？

会えなくても心を通わせることはできるし（もうでき
ているよね）、お互いの支えになることはできるよね。
でも、ボクがキミの状況だったら、もう一度連絡をと
れるように働きかけをする！　だって3年も経ってい
るんでしょ？　自分からなにも動かないで、ただ思っ
ているだけだとしたら、今の状況は、キミの心をその

まま現実にしているだけだよね。

動けば必ず変化が起きるよ。その変化の内容が恐くて動けないのだとしたら、「もっと疎遠になってしまうのが恐い」ということだから、ますます、キミは相手が「好き」ということの証明。

直接会えなくても、
心は通わせられるよ。

Even if you can't meet, you can still be there for each other.

独りになる寂しさから
別れに踏み切れない

相談内容

お付き合いしている人がいますが、価値観等の違いから結婚は無理だと感じています。関係を終わらせて次に進みたいと思うのですが、独りになる寂しさからどうしてもできません。一人の時間は好きな事をして十分今を楽しんでいます。

どうすれば心から宇宙を信頼し、未来に不安を感じず過ごすことができますか？

（大阪府・37歳・女性）

ダイジョーブタからの回答

「ひとつの関係を終わらせると、その空っぽになったポストに新しい人がやって来る」というのは、ある意味、事実……つまっていると、次が入って来ないからね。

でも、それを目的に無理に「別れよう！」としなくていい、とボクは思う。

今のキミが無理して別れると、「やっぱり出会えないのでは!?（別れなければ良かったのでは？）」という方に気持ちが行くでしょ？

新しい人が現れるときは、簡単に現れる、それを心配しないこと。一緒にいて嫌じゃないのなら、自然と離れたくなるときが来るまでそのままでいいよ。

ダイジョーブタの教え

自然と離れたくなるときを待つ。

Wait until the desire to separate comes naturally.

復縁したいけど……
あきらめた方がいい？

相談内容

昨年、好きな人の気持ちが私から離れてしまいました。和解したけど、よそよそしく、以前のように戻りたいので、今年から宇宙に仲良くする機会をお願いしてますが、まだ来ません。

何をしたら良いかわからないから、やるべき仕事にベストを尽くしてますが、半年以上も変化がないのはあきらめるべきですか？

（広島県・30歳・女性）

ダイジョーブタからの回答

ボクだったら、どんな事情があるにせよ、心から本音で話し合ったのに、元に戻らないのでれば、「もっと本当に心の通い合う人がいるだろう」と思ってしまうな。

だから、「その人とは、縁があれば必ずまた仲良くなれるチャンスはある」と思いつつ、他の人にも目を向ける。その人だけに執着しない。

それは今の人をあきらめる、ということではなく、どちらにしても、自分にとってベストな人が来るのを楽しみに待つ、という感じだな。

ダイジョーブタの教え

誰であれ、自分にとって
ベストな人が来る

The best person for you will show up eventually.

「自分を変えたいから
別れたい」という彼

相談内容

最近別れた彼。彼は、私には悪い部分はなく、自分が子供で自分勝手で　人のことは考えられないからと。自分のことを考えて、変えたいと。
一方、私は自分と付き合いながら考えてほしい気持ち、そばにいたい気持ちが大きく。彼の今の状態で、私がこの気持ちのまま、進んでも良いのか迷っています。

（東京都・35歳・女性）

ダイジョーブタからの回答

はっきり言うとね、その理由は「キミと離れたい口実」だよ。
自分が子供だろうと、自分勝手だろうと、キミのことが好きだったら離したくない、と思うはず。
ボクが彼の立場だったら……男性がこう言うときは「ひとりで考えたいとき」だから、考えさせてあげてほしいなあ。「でも、私の気持ちは変わらないよ」と言ってくれたら、正直うれしいなあ。それってわがままかなあ？
でも、今のキミは、それでも彼のことが好きでしょ？　だったら、状況は流れにまかせ、でも気持ちは駆け引きなく伝えることだと思うなあ。
そのうえで彼の好きにさせてあげるんだ。

ダイジョーブッダの教え

結果を気にせず
正直に自分の気持ちを伝える。

You should tell him your true feelings without
worrying about the outcome.

QUESTION 15

恋人がなかなかできない悩み

相談内容

僕は最近、素敵な恋人が欲しいと思っています。友達とかにも紹介などはしてもらうのですが、なかなか恋人関係まで発展しません。毎回発展しないので自信がなくなってきました。どうしたら恋人ができるのか知りたいです。
アドバイスお願いします。

（福井県・27歳・男性）

ダイジョーブタからの回答

まず、キミがキミ自身を好きになること！
（Question1の回答も参考に）
「恋人に発展させること」が目的なんじゃなくて、「恋人になりたいくらい好きになれる人と出会うこと」が目的だよね？
「誰でもいいから恋人に」というスタンスは、自分を下げているよ!?キミにも選ぶ権利があり（当然だけど）、キミのお眼鏡にかなう人が、キミと付き合えるんだから。

どっちかなぁ

ダイジョーブッダの教え

まずは自分を好きになろう。

The first step is loving yourself.

29

遠距離恋愛の相手に
私の想いは届く？

相談内容

遠距離恋愛をしています。離れてますが、毎日彼のことを想っています。彼が幸せでありますように……と。その気持ちはどんなに離れていても、彼に届いているでしょうか？
遠距離恋愛で大切なことはなんですか？

（埼玉県・27歳・女性）

ダイジョーブタからの回答

もちろん、絶対に相手に届いてる！
今一番大事なことは、彼以外の生活の部分を、充実させること。
考えてみて!?　キミに楽しいことがあると、離れている彼のことを穏やかで優しい気持ちで思えるようになるでしょ？
生活がすさんでいると、彼に依存したり会いたくなったり、不安になったり、疑ったりするでしょ？　キミが毎日を楽しむ波動になると、彼もそうなって、ふたりの仲も盛り上がる。彼との仲を円滑にするためにも、目の前の自分の生活に集中することだよ。

ダイジョーブタ
ブッダの教え

離れた相手にも
波動は伝わるよ。

The vibes of life will even reach your distant partner.

合コンが苦手

いわゆる合コンがとても苦手で、お誘いいただいても理由をつけて断ってしまいます。出会いを求めてそういう場に出ていくことも必要と思う反面……出会いの場に出ない。これは怠惰？
「毎日ワクワク→苦手な場に出ていかなくても、自然な流れでピッタリの人が現れる！」って安心していいのでしょうか？

（岡山県・32歳・女性）

「合コンに行かなくていい」と聞いたら、ホッとする？　それとも心残り？
後者の場合は、キミは本当は行きたいんだと思うよ。でも、そこで普段の自分を出せなかったり、友達と比べて凹んだ経験があるから行けなくなっているだけ……。それなら、行った方がいいよね。
でも「合コン」っていう雰囲気そのものが苦手なら、行かなくても出会いはあるよ。だって苦手な場では、キミの良い部分は出てこないよね？
大丈夫！　キミにぴったりの状況でみつかるから。
ボクも合コンって苦手だった……だからほとんど行かなかったし、やっぱり、パートナーは合コンじゃない方法で出会ったよ。

ダイジョーブッダの教え

キミにふさわしい状況で
相手はみつかる。

You'll find a partner in the scene that's right for you.

「ピン！」とくる人が現れません

相談内容

運命の人に出会ったら、必ずピンとくるはずだと感覚的に信じている私。いまだに会えずに年齢を重ねていく中、焦っているつもりはないけれど、時に不安になることも……。「この人だ」と好きになろうとするのも違うと思いますし。自分の直感を信じていいのでしょうか？
これも思い込みの枠にはまっている？

（三重県・29歳・女性）

ダイジョーブタからの回答

世の中が勝手に決めた結婚適齢期は、関係ないね。キミにとって「絶対にこの人」と思える人と出会ったときが、キミの結婚適齢期だよ。だから自分の感覚を信じていい。「好き」は頭で考えてなるものではない。

ただね、少しハードルを下げる必要はあるかも。ピンと来る、の「ピン」が、一番はじめにやって来るとは限らない。

キミだってそうじゃない？　初対面のときに、いつもの自分が出せなかったとしたら、「1回目で判断しないで！」と思うでしょ？

今は、いろんな人とデートできる貴重な時間！
必ず最高の人と出会えるよ。

ダイジョーブッダの教え

「ピン！」のハードルを下げよう。

Lower the bar for your first impressions.

Chapter

2 人間どうし

COMMUNICATION

苦手な先輩の誘い……
断っていい？

苦手な大学時代の先輩（同性）に頻繁に飲み会に誘われて困っています。

彼女は愚痴や悪口ばかり言うのでなるべく会いたくないのですが、共通の友人がたくさんいるため、断った後他の友人に悪口を言われているのでは……といつも不安になります。それでも気乗りしないなら断ってもいいのでしょうか。

（兵庫県・33歳・女性）

うん、断っていい！ 「いない間に悪口を言われるのでは？」という意識が、その状況を引き寄せていると思うよ。さっぱり断って、空いた時間をキミが楽しいことに当てればいい。

楽しいことに集中していると、苦手なワールドの話は耳に入らなくなってくる。

もし、キミがいない間に悪口を言われて、その共通の友達が離れていったのなら、その程度の友達だった、ということ。

キミには、もっと本音で安心できる新しい仲間ができるかもしれない。今のままだと、何回付き合ってあげても同じ気持ちを感じると思うよ。

今こそ、変わるチャンスかも。

気乗りしない誘いは断るのが正解！

Don't accept unwanted invitations.

子育て中で友人が作れない

相談内容

子育てで環境が変わり、友人がなかなか作れなくなりました。いろいろな人の集まりには顔を出しますが、さっぱりです。

出産前の友人はもちろんいますが、みんな環境が違うため、会えるのが年1度くらいです。しかもみんな違う環境で生き生きしています。

自分に問題があるのかと心配です。

（神奈川県・35歳・女性）

ダイジョーブタからの回答

キミに問題はまったくない！

出産以前の友達も、キミに子供ができたから遠慮しているだけだよ。いい意味で、気を使ってくれているだけ。そして、それぞれの環境で生き生きしている友人たちから見れば、キミも同じように見えるはずだよ。「子供ができて、新しい環境で幸せそう」って。

もし今、友達が必要ならば、これまでと変わらない心で、前の友達と連絡をとってみたら？　そして、「環境が変わっても、こうやって会うことができてすごく嬉しい！」という気持ちを伝えることだよ。向こうだって嬉しいはず。

それとね、いつも連絡をとってわかり合える「たったひとりの友」という存在を作ろうとしなくていいんだよ!?　キミだって、いろんな性格や特徴が合わさっ

て成り立っている。同じ人でも、そのときの状況によって、見える部分は違う。この人とはここが合って、あの人とはこの部分で付き合う、というように、合う部分だけで付き合えばいいんだ。
基本的に、人間は最後はひとり。今のひとりの状況（子供のいる幸せな状況）に楽しみを感じられないと、何人友達ができても一緒だよ！

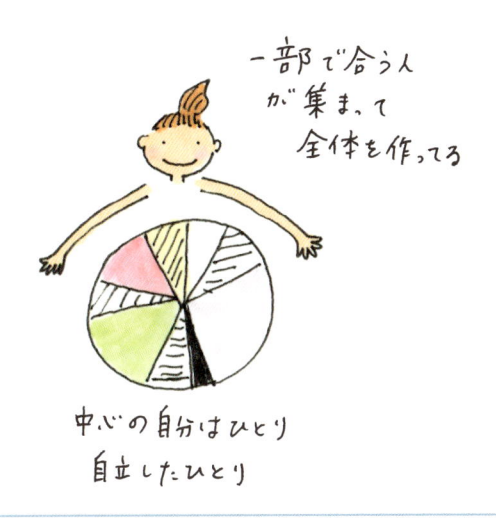

一部で合う人
が集まって
全体を作ってる

中心の自分はひとり
自立したひとり

基本的に人間はひとり。

Humans are essentially solitary beings.

大好きな友達に嫉妬してしまう

相談内容

大好きな同性の友達がいます。彼女の前向きな所や明るさにとても良い影響を受けているはずなのに、その明るさに自分が卑屈になってしまって、たまに辛くなります。他の友達と遊んでいると腹が立ったりもします。

これは執着なのでしょうか。

大好きだけど離れた方がいいのでしょうか。

（兵庫県・32歳・女性）

ダイジョーブタからの回答

はっきり言うとさ、それは彼女に嫉妬しているんだよね。自分より良い状態になる彼女は、嫌なんだよね。

今のキミが、彼女といると「そういう気持ち」になってしまうのであれば、少し距離を置いてみるのはいいことだよ。誰でも嫉妬を感じる人はたまに出てくるから、嫉妬を感じないで済むところまで離れるのも、ひとつの方法だよ!?

人との関係は、実際の距離や会う頻度ではない。ボクにも、好きだけど今はなんとなく離れている友達もたくさんいる。この人とは一生離れる（一生一緒にいる）なんて決めつけず、そのときの気持ちにまかせて、ゆるく捉えることだよ。

ダイジョーブッダの教え

嫉妬を感じたら距離を置いていい。

It's okay to put some distance between you if you're feeling jealous.

人に気を遣って本音が言えない

私は人にものすごく気を遣ってしまいます。だから本音がなかなか出せず、疲れてしまう事があります。こんな性格は治るでしょうか？

（福岡県・32歳・女性）

「人に気を遣うから言えない」というのは、相手にどう思われるかが気になるということだよね？
本音を言うとは、自分の意見を相手に押しつけることではなく、伝えた時点で終了、なんだ。
だから、相手がそれを受け入れなくても問題ないんだ。共感されなくてもいいと思うと、気が楽にならない？　だって、あくまでもキミの意見なんだから。
そして、気を遣いながら本音を言うことはできるよ？　言葉や言い回しを選んで伝えればいい。
気を遣える人こそ、本音を上手に伝えているよ。

共感されなくていい。

Pay no mind, even if you don't get a sympathetic response.

雑談や世間話が苦手

相談内容

仕事の合間の雑談が苦手で、うまく話の輪に入れません。私的なことをあれこれ聞かれるのも苦痛です。答えたくないこともあります。ひとりが好きなわけではないし、友達もいますが、どちらかというとおとなしい方です。
どうしたら嫌な思いをしないで過ごせますか？

（東京都・38歳・女性）

ダイジョーブタからの回答

ボクも私的なことを聞かれるのは苦手。
大して親しくない人に、どうして自分のプライベートを話さなくちゃならないんだい？と思ってしまう。だから、黙って聞いている側に徹底する。
そして、いろんなことを質問されたら（話をふられたら）、「ボク、なかなかそういうことをうまく話せなくて、口下手でごめんね」と言っておく。
だってそれが本当だから。
このときに「プライベートなことを話すのは苦手なの」なんて言わないようにね。だって、相手はそういう話が好きなんだから（笑）
いつも黙って聞いてくれている人、というのは反対から見たらいいものだよ!?

ダイジョーブタの教え

世の中には「聞き役」も必要。

The world needs listeners too.

母の病気が再発するか心配

相談内容

はじめまして。よろしくお願いします。母が重大な病気で入院し手術して現在は元気ですが、再発するかもと悲観的になっています。どういうふうに励ましてあげたらいいでしょうか？

（北海道・40歳・女性）

ダイジョーブタからの回答

まずは、キミ自身が「母の病気は完治、もう終了した♪」と本気で思うこと。だって本当に、今は元気なんだから。

相手の考え方を変えるには、その変わってほしい姿（考え方）を、まず自分が見せてあげればいいんだ。すると、相手は知らない間に影響を受けるよ。

そして変わり始めたら、「自分が思った方向へ現実が動いていく」という「意識」の話をしてあげたらどうかな？

ダイジョーブタの教え

相手にそうなってほしい姿を
自分が見せてあげる。

To get someone to think a certain way,
you must start by thinking it yourself.

あの人が許せない

相談内容

信頼し、尊敬していた人からとてもひどいことをされました。嫌われたくなかったから言われるままにしていましたが、時間が経つにつれ、許せないという気持ちが強くなってきました。

信頼していた人だから、相手の立場なら、そうせざるを得なかっただろうと考えることができません。どうしたらいいですか？

（青森県・39歳・女性）

ダイジョーブタからの回答

お互いに本当に信頼している関係だったら、キミが相手の言うなりにならなくても、それを怒ったり、なにかを強制したり、離れていくようなことはない。言うなりにならないと関係が終わってしまうような人であれば、その人は信頼に値する人ではない、とボクは思う。

つまり、その人とは離れて良かったんだ。これをきっかけに離れることができた。さらに言うと、本当は「おかしい」と気付いていたのに、自分の心にウソをついて、相手の言うなりになってきたキミにも責任がある、かもしれない。

もっと「素」の君で、自然に、思う通りに振る舞って、その上で本当に合う！という人が必ず出てくる。

ボクなら、その人にされたことは、「それに気付かせ

てもらった」ということでさっさと忘れる。お互い、「別の列車に乗った」と思って、それぞれにもっといい人との出会いを楽しめばいいよ。

お互いに離れるために それがあった。

Try distancing yourself and you'll discover new things.

人見知りが激しい性格を なんとかしたい

相談内容

私は人見知りが激しくて、あまり話したことがない人と話す時は、すごく緊張して、何を話していいのかわからなくなります（泣）。
気軽に話せるようになりたいのですが、どうしたらいいですか？

（京都府・19歳・女性）

ダイジョーブタからの回答

人と話すことが得意な人の方が、実は少ない。
「私、人見知りが激しくて、はじめて話す人だと緊張してしまうんです」とはじめに言っちゃったら？　相手もリラックスしてくれそうだよね！
相手にそれを言われたら、ボクだったら「クスッ＾＾」と優しい気持ちになるなあ。

あとは
ゆっくり聞く

フンフン

ダイジョーブッダの教え

「人見知りです」と 先に言ってしまおう。

Let people know off the bat that you're shy.

２人の子供の母親なのに
人見知り

相談内容

私は２人の子供の母親の40才ですが、この年齢になっても人見知りで男性と話すのも苦手……しかし年齢的にも母親としても、嫌なことに関わらずには生活できず、結婚した友人たちも大人に見え、いつまでも情けない自分を目の当たりにすると、生きづらくなることがあります。何かアドバイスお願いしたいです。

（静岡県・40歳・女性）

ダイジョーブタからの回答

ボクの友達でキミと似ている人がいるけど、その女性を知っている男性に、彼女の印象を聞いてみたら、「奥ゆかしくてシャイな人」と言っていた。キミが思っているほど、それはデメリットにはなっていない。

無理に話す必要はなく、最低限のコミュニケーションをとればいいし、他人とよりも、自分の子供との触れ合いの方がよっぽど大事。

ボクも、「もっと上手に人と話せたらいい」と思うことがあるけど、「コミュニケーションが上手な人」は、それがその人の中で「得意なこと」なんだよね。その人が苦手なことで、ボクが得意なこともたくさんあるよ♪

ダイジョーブッダの教え

不得意なことはがんばらなくていい。

You're surely good at things others at bad at.

親友と精神レベルが合わなくなってしまった

相談内容

私は高校時代からの親友がいるのですが、最近精神レベルが違っているのか、前ほど盛り上がりがなくなってしまいました。すごく寂しいです。
新しい親友を見つけた方がいいのでしょうか?

（熊本県・24歳・女性）

↓

ダイジョーブタからの回答

「この人を遠ざけよう」とか「新しい親友を探そう」と無理に思わずに、自然に……自然にしていてそのまま心が遠ざかったら、それでよし。
もし、その親友が戻って来るときがあったら、またお付き合いを再開すればいいんだよ。
一番まずいのは、無理に相手に合わせたり、なんとか関係を戻そうとすること。自然と遠ざかっていくときには、遠ざかった方がいい、ということ。人は生身の生物だから、昔は合った人でも、向かっている方向や、エネルギーの種類が違ってくることは当たり前だから、離れることに罪悪感を持たなくていい。意外と、離れたほうが、相手にとっても良いことかもしれない。

ダイジョーブッダの教え

離れることに罪悪感を持たなくていい。

Don't feel guilty over distancing yourself.

素直な気持ちを表現できない

相談内容

素直な気持ちを相手に言えず、一般的な意見を言ってしまいます。本など色々なところで得た知識や自分の気持ちを言いたいのですが、真面目と思われたり、陰口を言われるんじゃないかと思うと言えません。どうしたらよいですか？

（愛知県・34歳・女性）

ダイジョーブタからの回答

一般的だろうと、自分だけの意見だろうと、どっちでもよくて、キミの素直な意見を言えばいい。相手を変えようとして話すのではなく、「（あくまで）自分はこう思う」で話せばいい。
「だからあなたもこうしなさい」ではなくてね。

あくまで
ボクの意見
だけど…

ダイジョーブタの教え

「自分はこう思う」で
すべてオッケー。

It's okay to talk about what you're thinking about.

人付き合いが面倒だけど寂しい

相談内容

人と話す時緊張し、話題もなく、上手く話す事ができ
ず、同性の人間関係も面倒だと感じてしまいます。そ
ういう自分に嫌気がさし、人と話したり友達づきあい
が面倒くさくなり一人が楽だなと思ってしまうのです
が、一人でいると寂しくなります。
こんな自分が嫌です。
どうしたらこんな自分から脱出できますか？

（北海道・17歳・女性）

ダイジョーブタからの回答

人と話すのが苦手であれば、ひたすら静かに聞いてい
るだけでもいいよね。
話したい人は、聞いてくれる人を求めてる。無理に話
題を提供する必要なんて、全然ない。逆から考えてみ
て!? 「あの子は静かだけど、私の話をちゃんと聞い
てくれているな」という人は、キミから見ててもわか
るでしょ？
そして、無理に人付き合いをする必要もまったくない。
ただそのとき、「ひとりの時間に満足しているから、
今は人付き合いをしなくていい」という理由ならいい
けれど、本当は人が好きなのに、「うまく話ができな
いからひとりでもいい」という図式であれば、上に書
いたように、まずは聞いてあげる、をしてみれば？
（社会に出るとわかると思うけれど）実は、人間は最

後はひとり。たくさんの人とつるんでいても、物事を判断する基準が自分の中になければ、いつまでも他人に依存して、その人がいないと生きていけないようになって、そんな人がまわりに何人いても、いつまでも寂しいんだよ。

「自分の中の基準」っていうのは、自分の本音の通りに生きるっていうこと。まわりの人の意見じゃなくて、キミの本音で「いい」と思うことを選んで、「なんだか違う」と思うことは選ばなくていい、ということ。

人生のベルトコンベアー

すべての判断基準は「自分の本音」でいい。

Base your decisions on what you're really thinking.

ケンカした父との関係

1ヶ月前、父とケンカをして、その後会っていません。1ヶ月が経ち、父も高齢なので、もし今何かあって後悔するのも嫌だから連絡した方がいいのかと思うようになりました。

これはマイナスの動機の行動になるでしょうか。　今は何かモヤモヤするものがあります。

親との付き合い方にアドバイスをお願いします。

（和歌山県・40歳・女性）

そのまま時間が経ってしまうのは良くないよね。親は（自分だって）、いついなくなってしまうかわからない。それを思うと、気にかかるモヤモヤはすぐに解消した方がいい。

ただこのときに、そのケンカについて、どっちが正しいとか間違っているとか、細かく分析して謝る（謝らせる）ということはしなくていいんじゃない？　きっと、どちらにも正しい理由やそのときの感情があるから、それを今蒸し返しても解決は遠いよね。

なので、今のキミの気持ちをそのまま伝える……「ずっとこのままなのはよくないと思っていた」とか、「意見の食い違いはあっても、家族だからこれからも連絡をとりたいと思う」とか、そういう素直な感情を伝える。これだけで、実は向こうもホッとすると思う。

このとき、相手の反応にまた一喜一憂しないこと。
こちらが思っている通りの反応がかえってこない
としても、凹まないこと。

親は、自分とは違う時代を生きてきた、価値観が
違って当たり前の別人格なので、親が自分と同じ
意見ではなくても問題ないし、良い意味で「他
人」と思って接すること。

「他人と思う」のは冷たいことではなく、他人だ
からこそ、礼儀や思いやりが必要だし、別人格だ
からこそ、今の気持ちを言葉を尽くして丁寧に説
明する必要があるんだ。

他人に対してだったら同じことをするかな、と想
像してみると、家族や身内には簡単な説明で済ま
せてしまったり、妙に感情的になっていたりする
ことに気づく。

そして他人に対してと同じように、すぐにわかり
合えなくてもイラッとする必要はなく、気持ちを
伝えたうえで距離を置いたり、待ってみたりすれ
ばいい、とボクは思うな。

ダイジョー
ブッダの教え

家族も「他人」と思うと、
意外なことに気づく。

If you think of your family as strangers,
you can realize important things.

母が重くてたまらない

相談内容

私自身がレベルアップして考え方が広がるほど、母との溝が深まり、今は接するのが苦痛です。
理由は、過干渉、感情的、無趣味、無友人等、まったく合いません。私がよかれと思って言ったアドバイス等にも逆ギレします。
他人なら距離を置きますが母なので……。
何か良いアドバイスお願いします。

（東京都・37歳・女性）

ダイジョーブタからの回答

お母様を気にせず、新しいキミ（レベルアップして考え方が広がったキミ）でい続けること！
変えようとせず、かと言って無視もせず、何か言われても動揺せず（表面的な会話で返しておけばいい）、とにかく影響を受けずに淡々と、キミの楽しい世界をお母様の近くでやり続ければいいんだ。そうしていると、キミの楽しそうな波動にふれて、仲間に入りたくなる。
家族にキミのような存在がいれば、必ず影響を受けていく。それが、家族の中でのキミの役割かもしれないよ！?
だからガックリしないで、レベルアップした自分の姿をやり続ければいいんだよ。

ダイジョーブタの教え

キミの楽しい波動が
周りに影響する。

Influence those around you with your fun life changes.

感謝の言葉は嘘だったの……？

仲良しの友人がいます。以前その友人が悩んでいた時期、私なりに精一杯励ましました。本当に助かったと喜んでくれて心から嬉しかったです。
なのに最近になって、あの時は別の友人のお陰でピンチを乗り切れたのよと嬉しそうに話していて、当時私にかけてくれた感謝の言葉も嘘のように感じて寂しいです。

（京都府・36歳・女性）

仲良しの友人なんだったら、ボクだったら「ねえねえ（笑）、ボクも結構助けたと思うんですけどぉ（笑）」みたいに伝えるな。
でも考えてみると、一番喜ばしいのは、友人がピンチを乗り越えて幸せになったことなんだから、改めて自分に感謝の言葉がなくても、本当は問題ないんだよね……。
それに、当時は感謝していたと思うよ？
当時、キミではない別の友人も、その子の助けになったのは事実、みんなが助けていたんだよ。
だから、今でも心のどこかにキミへの感謝の気持ちはあり、その上で「別の人のお陰もあった」というふうにボクは捉えるな。

感謝を求めなくていい。

Don't go looking for thanks.

絶縁状態になってしまった叔母

相談内容

私が良かれと思って取った行動が違うように理解されてしまい、お世話になった叔母と絶縁状態になっています。何度もお詫びの手紙を出したり、お宅にも伺いましたが、直接話を聞いて頂くことはできませんでした。プラスのパワーを貯めないと！と思うのですが、気づくと考え、涙が出ます。苦しいです。

（京都府・40歳・女性）

ダイジョーブタからの回答

キミはやるだけやった！　きちんとお詫びもしたし、誤解が解けるように努力もした。
あとは相手の問題だ。相手が、キミのその手紙にきちんと向き合えるかどうか、という相手の問題。
だから安心して、もう、放っておいて大丈夫。
「理解してくれるだろうか」と心配しながら放っておくんじゃないよ。時期が来れば、状況は変わる……と、信じた上で、一度、頭の中からそれを出すこと。
今の自分にできることはもうやった、というこういうときこそ、いつまでもそれを考えて、マイナスの方に現実を引っ張らないことが大切だよ。

ダイジョーブタの教え

やるだけやったら、忘れていい。

When you've done what you can, it's okay to move on.

人に対してつい厳しくしてしまう

相談内容

子供と関わる仕事です。楽しむことを大切にと心掛けつつ、仕事では一生懸命になると、人に対して厳しくなってしまいます。相手を大切に思えばこそですが、穏やかな人を見ると、自分は人に求めるものが多いのかな、とも。

自分の性格はなかなか変えられなくて、プラスに変えていけるアドバイスがほしいです。

（広島県・41歳・女性）

ダイジョーブタからの回答

わかる！　ボクもつい人に厳しくなってしまうことがある。でもよ〜く考えると、ボク自身がそこまで完璧かな……と思うんだ。

相手から見たら、ボクに対して気になることも、きっとあるはず。でも、いろいろ考えて接してくれているのかもしれない……そう思うと、伝え方やタイミングを見たり、伝わるように工夫しよう、という気持ちになるんだ。

そして、それができたときに、「ボクって偉いなあ（ニヤリ）」と、自分で自分を褒めてあげたっていいよね。他の人は気づかない部分に細かく気づけるのもキミの魅力なんだから、そこを変える必要なんてないよ♪

ダイジョーブッダの教え

人に注意できるほど、自分は完璧!?

You're so perfect you could warn people about it.

兄のことで悩んでいます

相談内容

兄が今調子を崩して、「家族の実家へ住み、治療に励みたい」と言ってくれてます。仕事に突然行きたくなくなり仕事が続かないんです。そして実家にもなかなか決心して来ません。私は疲れました。
ダイジョーブタさん、なにかいいアイデアはありませんか？　毎日考えて本当に辛いです。

（静岡県・25歳・女性）

ダイジョーブタからの回答

実は、それはお兄さんが越えるべきことなんだ。
つまり、キミの問題ではない……家族にできることは、お兄さんがどんな状況になっても「永遠に味方だよ」と伝え、見守ってあげること。
それは冷たいことではなく、お兄さんが「自分でなにかを掴むチャンスを奪わないであげる」ということにつながる。「なんとかしなくちゃ」と思うのは、意外と「そういう兄がいる」ということをまわりの人にわかられたくない、という自分のエゴの場合もある。
今の自分に解決できないことは考えなくていい！
実は、それが一番解決への近道なんだよ。
心配、というエネルギーがなくなるからね。
キミが行く末を気にする必要はなく、手放したらどうかな？「こうしなければ！」とコントロールするのをまわりがやめてあげると、状況が思わぬ方に流れて結果的に解決することがある。
疲れたということは、方法を変えた方がいい、ということ。完全に宇宙にあずけて、まかせてしまっていい。

解決できないことは、
考えなくていい。

ずっと考えて
変化あった？

Don't spend time
thinking about problems
you can't fix.

自然に会話することが苦手

冗談を言ったりお上手を言ったりするのが苦手で、言葉も足りないので、誤解されやすく、人との会話がぎくしゃくしてしまいます。どうしたら自然体に楽しく会話ができるようになれますか？

（新潟県・37歳・女性）

相談内容

→

それ、ボクも苦手（笑）。

だから、なにを言ったらよいのかわからないときは、相手の話をただ聞くんだ。そうすると、聞いてほしい人はすごくうれしくなるよ。

自然体で会話ができるようになるためには……キミが自然にしていること、つまり、話せなければ黙っていればいいし、本当に面白いときだけ笑えばいい。そして、相手に「よく思われよう」としなくていい。

キミが普通にしていても「合う人」が、これからもお付き合いしていきたい人だよね。

ダイジョーブッダの教え

上手に話しても話さなくても
キミが普通にしていて
合う人が本当に合う人。

Look for people who fit you when you're being yourself.

父親と一緒にいると苦しい……

私の父はよくマイナスの言葉を言うので、私は父が苦手です。私は父にとても感謝していますが、父と一緒にいると苦しくなります。
プラスの考え方を父にすすめた方がいいかな……と思うのですが、勇気がありません。
このまま距離を置いてもよいのでしょうか。

（新潟県・18歳・女性）

いいと思う！
ただ、「距離を置く」というのは、無視をすることではないからね!?
これまでと同じように接すること、心の中で割り切って、お父さんの反応には関係なく、キミ自身は明るく楽しく返すこと。
これまで、お父さんはその方法で生きてきたんだから、無理に変えようとしなくていいよね。
もう充分に、キミが明るさのタネを撒いている。
そして、相手がキミの明るさや考え方に興味を示したら、そのときだけ、話せばいいよ。

すでにキミが
明るさのタネを撒いている。

You're already spreading seeds of happiness.

QUESTION

39 　KYな人への対処法

相談内容

仕事で出しゃばり、場を仕切ってやりにくくする女性（30代）がいて困ります。空気を読まない人なのでまわりのウンザリにも気づきません。
そういう人には「迷惑だから引っ込んでて欲しい」と直球で言うしかないと思うのですが、他にいい方法はあるでしょうか？

（大阪府・43歳・女性）

ダイジョーブタからの回答

そういうの、ブタの世界にもいる（笑）。
でもね、まわりのみんなもキミと同じようにウンザリしているなら、放っておけばいいんじゃない？　相手の非を真正面から突っつく言い方をしても、相手は怒りを覚えるだけで変わらない。
むしろ、逆効果。
「この人はこういう人なんだ」と思って見ればいい。そして、その人がなにを言っても心を乱さず、淡々と自分の役割をするのみ。その人には、そのうち、気付かされるようなことが起こるから大丈夫。
そんなことにキミの貴重な時間を費やすの、もったいないよ。

ダイジョーブタの教え

淡々と自分の役割をこなすこと。

Just calmly take care of your own work.

61

生きること

LIFE

最悪のケースばかり想定してしまう

相談内容

地震や原発問題……最悪のことばかり考えてしまいます。プラスの力を貯めなくてはいけないのですが、どうしてもマイナスの方に考えてしまいます。どうか良いアドバイスをお願いします！

（千葉県・33歳・女性）

ダイジョーブタからの回答

最悪の状態を想像して、それと同じ気持ちになったら、それが起こっているのと同じようなものだ。キミは、「それは良くない」ということにすでに気づいてる。実は、それに気づいてるだけで、もう問題の半分以上は解消されてるんだ。
その最悪のことは、キミには起こらない。
起こらないのだから、これから一生考えていくなんて、もったいないよね!?
今キミは「それが起こったとしたら」を前提に考えているけれど、「起こらないとしたら」キミは未来にどんな楽しいことをしていくかな？
そっちを考えている方がずっと楽しいよ。

ダイジョーブッダの教え

問題に気づく＝問題の半分は解消されてる。

Noticing a problem brings you halfway to solving it.

8年間引きこもってました

私は大学を卒業してから約8年間も引きこもりのような状態にあり、もうどうしたらよいかわかりません。たくさんの本を読み、自分を変えようとしました。でも人と接すること、働くということが怖くて抜け出すことができませんでした。

もうどうしたらよいかわからなくて、存在しているのが辛いです。助けて下さい。

（長野県・30歳・女性）

無駄なことはひとつもない、つまり、キミの今の経験は、将来、きっと同じような思いを抱えた人たちの光になる。

それを経験したからこそ、言ってあげられることってあるでしょ？

それから、今の自分を変えようとしなくていい。直そうとしなくていい。たとえば、今のキミがちょっとでも興味のあるもの、好きなことや楽しいことをひとつ決めて、それをやってみるのはどう？

それが社会にとって「仕事」という形をとってなくてもいいんだ。お稽古でも、ネットで取り寄せるなにかでも、なんでもいい。家ですることでも、外ですることでも、なんでもいい。それを、将来役立てようとしなくていい。

好きなことがひとつもない人はいないよ？
ただ、「それが社会に役立つか、それで生きていけるか」と考えだすと、その「好き」が無意味なものに思えてしまうだけなんだ。今は、その「好き」がどんなふうになるかを考えなくていい。
ボクの友人は、極度の人見知りと社会への恐怖感が続いていたんだけど、コンビニだけはひとりで行くことができた。だからコンビニでアルバイトを始めたんだよね。そうしたら、いつの間にかコンビニ店員のベテランになっちゃって、商品開発なんて始めるようになっちゃった（笑）。
キミが引きこもってきたのと同じ年月を、外で働いていた人で、時間が経ってからようやく「自分の好きなこと探し」を始める人もいるよ！
これまでの年月は無駄じゃない。本当に好きなことと出会うために必要な時間だったんだよ。

ダイジョー
ブッダの教え

人生で起こることに「無駄」はひとつもない。

There's no such thing as wasted time in life.

転職か独立、どっちを選ぶべき？

相談内容

勤めて 3 年。会社の方針が変わり、今では私の性
格と会社の方針がどうしても合いません。この仕
事は好きなので、今までの経験から独立しても良
いのですが、不安で次に進めません。
それか新しく勤め先を探した方が良いですか？

（静岡県・43歳・女性）

↓

ダイジョーブタからの回答

「独立する」というつもりで準備
しながら、勤めてみたら!?
最終的に独立しなくてもいいんだ。
でも、本気でそうなるつもりで動
くと、今の自分に必要なこととか、
独立するってどういうことか、新
しい世界が広がるよね。面白そう
だよね。
いつでもやめていい、と思うと気
が楽になって、逆に違うことが見
えてくるかもしれない。

ダイジョーブッダの教え

独立するつもりで、働く。

Keep working while you aim at securing
your independence.

不登校の子供への対処法

相談内容

現在小学校6年生の息子が4年生の時に先天性の身体の障害が発覚しました。入院5回、手術で学校も休みばかりでした。

やっと入院しなくなりましたが、休み癖が付いてしまって……休むと家でゲームとインターネットを1日中してます。注意すれば逆切れします。

どのように対応すれば良いのか悩んでます。

（三重県・48歳・女性）

ダイジョーブタからの回答

ボクだったらね、子供がそこまで熱中しているゲームを一緒にやる！ 「人ごと」だと思っていい加減に言っているわけじゃないよ!?

だってさ、「ゲームはやめなさい」と言われて、「は〜い」なんて、なるわけがない。まずは、現状を受け入れること。

これまでずーっと注意してきてうまくいかなかったんだから、違うことをためさなくちゃ。

このとき、「ゲームをしながら説得するチャンスをうかがう」なんて魂胆はいらなくて、本当にキミも楽しむんだよ!?

今さら数日休んでも変わらない。ボクだったら、どっしり構えて、まずはそこから始める。

ダイジョーブタの教え

これまでと違うことを試す。

Try a different strategy.

仕事は好きだけど職場で孤立している

相談内容

現在、派遣社員として働いています。特定の人が私の悪口やバカにした笑いをまわりの人達や私にまで聞こえるように言っているんです。最初は気にしないようにしてたけど、最近は孤立気味になり、会社にいるのが苦痛。
仕事自体は好きなんですが……。
また転職しようか悩んでます。

（富山県・31歳・女性）

ダイジョーブタからの回答

その仕事自体が好きなのであれば、辞める必要はないよね……。今の状態（エネルギー）で辞めると、職場を変えても、また同じような状況になる可能性がある。
ボクだったら、「とにかく気にしない」と決める。はじめは気になると思うよ？
でも、その人たちの悪口や嫌がらせはボクの人生になんの影響もないからね。「影響はない」と決めれば、影響はないんだよ。
まるで耳に入っていないかのように、これまでと同じように誠意をこめて仕事をし、その人たちにも普通に接する。
無視もしないよ。あくまで普通に、だ。
はじめはキミのその態度にさらに反応する人がいるかもしれないけれど、それは、なにをしても明るくてぶ

れないキミのことがうらやましいからなんだよ。
キミに「悪口を恐れる受け皿」がなくなれば、相手もそれをしなくなっていくと思う。
その仕事をしている理由は、その仕事が好きだから！ それがずれていなければ、それを見つめて続けること、だとボクは思う。

聞こえてる？

え？
なに!?

他人からの悪口は
自分の人生に影響しない。

People badmouthing you doesn't
affect your life.

人がボケること（認知症）の意味

相談内容

ダイジョーブタさんは、人がボケる、ということをどう思いますか。夫婦親子すら認識できない。それは、もうご本人ではないのでしょうか。施設で働いていますが、おいしい、まずいは理解できるのでしょうか。認知症はどのような魂のステージなのでしょうか。

（埼玉県・33歳・女性）

ダイジョーブタからの回答

ボクの知人で、早くからボケが始まった人がいる。家族はそれをとても悲しいことだと思ったけれど、その人は楽しかったことしか覚えていないんだ。

……と言うと極端だけど、相手との関係性を忘れているから、今日初めて会ったかのように、そこから新しい関係を築けることになった。

そのおかげで、実は確執があった子供たちとも、なにもなかったかのように接することができるようになった……不思議な結果だよね。

今ではその家族は、「思わぬ贈り物があった」ということで、新しく楽しい思い出を作ろうとしている。

もちろん、人によって「ボケ」の種類も違うし、それがどんな魂のステージかはわからないけれど、「生まれ変わった新しいその人」として向き合うのは、ひと

つの方法だよね。

そして、ボケがあっても、その人の感性は失われていない。知識の乏しい子供が、実は大人よりも素晴らしい感性を持っていることがあるように、たとえば「おいしい、まずい」の感覚を含め、こちらが発するエネルギーも相手にきちんと届いている。

余計な過去の記憶がなくなった分、ある意味「ピュア」だから、向き合っている生身のキミの感情、感覚、思いは絶対に届いている、とボクは思う。

忘れたいこと
さようなら

ダイジョー
ブッダの教え

ボケたからこそ忘れられた♪

Sometimes it's thanks to dementia that a person can forget.

会社で本音主義はNG？

相
談
内
容

私はもともと本音主義で正義感も強く、上司にも
ハッキリと自分の意見を伝え、周りの人達にも挨
拶の仕方や気付いた事を注意したりします。人間
だからウッカリする事もあるので厳しく言ってな
いつもりです。でも上司が器が小さく、パワハラ
をされたり、周りも冷たくなりました。
会社で本音主義はいけないのでしょうか

（新潟県・44歳・女性）

ダ
イ
ジ
ョ
ー
ブ
 タ
か
ら
の
回
答

仕事でもプライベートでも、本音で進むのはうま
くいくコツ。ただ、自分の価値観を、知らぬ間に
相手に押しつけていないかな？
「正義」すら、逆の立場から見たら、違う「正
義」があったりする。
もし本当に相手の言動を変えたいと思うのであれ
ば、相手の言動を否定したり直してあげようとし
ないで、自分がそれと同じことをしないようにお
手本を見せていれば、変わるときには勝手に変わ
ってくれると思うよ。
「変えよう！」とすれば、「変わらない」という正
反対の同じ強さのエネルギーで反発してくるから
ね。

ダ
イ
ジ
ョ
ー
ブ
ッ
ダ
の
教
え

本音主義 ≠
自分の価値感の押しつけ。

Being honest is not the same as forcing your values on others.

夫のことが
どんどん嫌いになっていく

相談内容

結婚して15年。小学生の子供2人に恵まれ、幸せなはず……が、主人のことが年々嫌いになっていきます。ささいなことですが、主人の癖や欠点が気になり、指摘してしまうのです。
どうしたら幸せになれますか？

（大阪府・41歳・女性）

↓

ダイジョーブタからの回答

実験として、ご主人の良いところを褒めるようにしてみて！
こんな簡単なこと!?と思っても、男性ってなんて単純なの!?　とあきれても、これはかなり効果的＾＾。褒められて嫌な気分になる人はいない。
もしかしたら、ご主人だって、キミのささいなことで気になっている部分があるかもしれない、口に出さないだけでね。
変えるために褒めるのではなく、本当に相手のいいところ、面白いことを気楽に口にしていると（ある程度おちゃらけた気持ちで）、不思議と相手も変わって来る。
実験する価値アリ！

ダイジョーブタの教え

ただ「褒めるだけ」で、
相手は変わる。

Your partner can change just from your compliments.

肺がんの母に余命宣告

相談内容

母が7年前に肺がんになり、再発、もう手術はできなく、抗がん剤治療をしていたのですが、今月に頭にがんが転移。今年もてばいいと宣告されました。付き添いや一緒に暮らしていくのに、どういう心持ちで過ごせばいいのでしょうか?

力をください。

（愛知県・37歳・女性）

ダイジョーブタからの回答

相手の望むことをしてあげること、やりたいことを一緒になんでもやってあげること、というのはどうかな? それ……すごくうれしいし、楽しいよね。病気じゃなかったら、そんなに一緒の時間を過ごす親孝行はしなかったかもしれない。

それからね、今の人間の世界で言う「死」を迎えても、それで終わりではないんだよ。魂の旅はずっと続くから、「それで終わり、真っ暗闇で辛い世界へ旅立って行く」ということではない。

上の世界からキミをいつでも見ているし、一体どんな世界が待っているのか……お楽しみ。

もしかしたら、その時期に人間界を離れることを、生まれる前にお母さん自身が約束してきたかもしれない。その謎は、次の世界に行った人だけがわかる仕組み。

人は、いつ亡くなるかわからない。

明日かもしれない。

今、一緒にいられる時間が残されて、よかった。

「死ぬこと」は
「終わり」じゃない。

次の道

次の世界へ
ジャ～ンプッ

Death isn't the end
of everything.

他人の意見で
進路を決めてしまった後悔

相談内容

私は自分の進路を決める際、自分の感覚ではなんとなく嫌な感じがするのに、自分の感覚とは反対の他人の意見で決めてしまいました。

その予感は当たってしまい、いじめられ進路を変更したいです。まわりに迷惑がかかっても行動に移していいのでしょうか。

（兵庫県・30歳・女性）

ダイジョーブタからの回答

結果から言うと「変更OK」！

ただ、まわりにしっかりと説明すること。社会人である以上、責任をもって後処理をすることだ。「説明する」というのは、「同意してもらう」ということではない。わかってもらえなくても、今のキミの気持ちを伝えておく、ということだ（それに同意できないのは相手の問題）。

キミの気持ちが本音から出ている強いものであれば、まわりの人は最終的には問題にはしないよ。「まわりの人にどう思われちゃうかな」と恐る恐る切り出せば、その分だけ、それに反対する力が出てくる。キミが本気で変えたいと思っているのであれば、他の人からどう見えようと、キミにとってはそれが正解。

さらに言えば、キミが自分の心に素直に動こうとして

いるときに、「こうあるべき」という自分の価値観を押し付けてくる人は、今後、離れていいかも（笑）。

「苦言を言う人とは離れる」ということではなく、その人は、自分の思い通りにならないと不満に思う人だから。

キミの人生なんだから、いくらでも方向修正していいよね。

誰の人生!?

自分の人生なんだから、キミの本音に素直になっていい。

It's your life, so you should follow your feelings.

自閉症の疑いがある娘の将来

相談内容

３歳３ヶ月の娘がいます。半年程前から自閉症の疑いで区の親子教室に通っています。娘を授かって以来これほど辛いことはなく、将来を思うと落ち込んでしまいます。

（東京都・35歳・女性）

ダイジョーブタからの回答

お父さん、お母さんにしてみたら、それは本当に辛いこと、経験のないもの（ブタ）が気軽に言葉をかけられるものではない……でも!!!　あえて、ボクが心から感じていることを書くね。

自閉症（発達障害）のお子さんは、とにかく素晴らしい才能を持っている（ボクにもそういう友達がいる）。一部分の感覚が発達していない分、他の部分の感性がものすごいんだよね……これには本当に驚くよ。

その子がいるだけでまわりが明るくなる、というのもずいぶん見た。これはね、その子（や家族）を気遣って、まわりの人が言っているんじゃない。その子のおかげで本当にその場が和やかになったり、まわりの人が大事なことに気付いたりしているんだ。

ある中学生はね、「そういう子」が自分の身内にいたことがきっかけで、自分の登校拒否が直ったんだよ。

欠けているのではない、他の人に素晴らしい考え方や気付きを与えてくれる存在だ、とボクは心から思ってる。選ばれているんだよね。

そこにも必らず
意味がある。

こんなすごいものが
隠れてた…

あっ!

There's meaning to be found
in this as well.

ときめかなくても
付き合ってみるべき？

相談内容

今までまったく恋愛経験がないまま37歳になってしまいました。婚活してますが、そういう場にいる男性はオドオドして清潔感がなく、正直えーっという方ばかりでお付き合いする気になりません。本音は素敵な爽やかな方と出会いたいですが、現実を見て、まったくときめかなくてもお付き合いをするべきでしょうか。

（千葉県・37歳・女性）

ダイジョーブタからの回答

婚活は、いろんな人と（男女として）付き合って、相手を知ることができるチャンス。だって結婚しちゃったら、もうそれはできないんだから。
だから、ためしにちょっと付き合ってみるのはありじゃない？　違うと思ったら、気楽にやめればいい。
でもさ、結婚は、はじめに「好き」の気持ちがなくちゃムリだよね。だって、（一応）一生一緒に暮らすんだよ!?
先の気持ちの変化はわからない、でもはじめに「好き」の気持ちがなくては始まらないよね。

ダイジョーブタの教え

「好き」の気持ちがなくちゃ、
始まらない。

You have to start with liking them.

40代でも結婚あきらめていません

相談内容

一度も結婚しないまま、40代を迎えてしまいました。でも気持ちは20代と変わらず、普通に恋愛して好きな人と結婚したいと思っています。
時期が来たら結婚できると思って今まで過ごして来ましたが、最近すごく不安になり落ち込むばかりです。年齢を気にしないで時期を待つにはどうしたらいいでしょうか。

（新潟県・43歳・女性）

ダイジョーブタからの回答

キミが今まで結婚しなかったのは、妥協しないで、自分の心に素直になってきたからだ。
結婚は、「生きているって最高」と感じるためにあるもの（そのエネルギーで子孫を残すんだよね）、だから、そう思えない人と結婚していたら、不幸になっていたよ。だからこれまでのことは正解。
ボクのまわりで40代（以降）で結婚した人は、みんな本当に幸せになっている。自分のスタイルや価値観がしっかり出来上がってから恋に落ちたから、「素」で合っている同士なんだよね。
もちろん、出会いを求める動きはした方がいいよ。「どんな人と出会うか本当に楽しみ♥」のエネルギーでね。

ダイジョーブッダの教え

いよいよ最高の人と出会う！

You're going to meet that amazing person at last.

恋愛への願望がない

相談内容

ここ何年もプライベート（恋愛）の変化がまったくありません。仕事が忙しく、休みの日に1日中寝ていることが楽しみになっている状況です。

このまま一生独身でいるのはとても不安です。それだけは避けたいのですが、正直、今は恋愛への願望がありません。

この矛盾はどうしたら良いのでしょうか。

（神奈川県・32歳・女性）

ダイジョーブタからの回答

え？　恋愛の希望がないなら、そのままでいいんじゃないの？　「ひとりは寂しいから」という気持ちで相手を探し始めると、パートナーが見つかってもその孤独は変わらないよ。はじめは一瞬満たされたような気がしても、同じ気持ちがまた戻ってくる。

まずは、自分が楽しくなるように、自分の生活に集中。休みの日に1日中寝ていても、まったく問題ない♪

ただそれなら「たっぷりお昼寝して幸せ～♪」という気持ちにならないとね。お昼寝によって、充分にキミが充電されているのだったら、今のままでも出会いはあるよ♪

ダイジョーブタの教え

ひとりで孤独なら、
ふたりでも孤独だよ。

If you're lonely by yourself, just having a boyfriend won't solve that.

周囲のプレッシャーに負けそう

相談内容

１年半前に不本意な転職をし、結局条件が折り合わずに退職しました。

今度は自分の感覚を信じて、納得のいくまで就職活動をしたいのですが、まわりからの「早く就職しなよ！」というプレッシャーに負けそうです。

自分を信じ、自分の意志を貫くためにどうしたらよいか、アドバイスをお願いします。

（埼玉県・37歳・女性）

ダイジョーブタからの回答

まわりには、「これまでのことを無駄にしないためにも、納得いくまで探したいから」という決心を伝え、後は気にしないこと。「すぐに就職しないと……」と恐怖を植え付けようとする人には、この話をしないこと。

キミが新しく踏み出すときに応援できないのは、自分の手の届かないところで、自由に好きなことを始めるキミのことがうらやましかったり、嫉妬だったりもする。

キミをへこます意見は関係ないんだ。見つかるのが早くても遅くても、キミ自身が納得するまでやって、本音で気が動くものを選ぶことだよ。

今度こそ、自分の本当の心と向き合うチャンス。

ダイジョーブッダの教え

人の意見は人のもの。

People's opinions are their own.

片付けられない症候群

掃除がすごく苦手で、よほど奮起しないとできません。掃除をすることで流れが良くなると本に書かれていますが、なぜか体が動きません。

掃除をして、悩んでいる人間関係を良くしたいのですが、どうしてもやる気が起きなくて自分が情けなくて落ち込みます。掃除をしないと悪い事が起きて不幸になるのでしょうか。

（新潟県・45歳・女性）

相談内容

掃除をしないと悪いことが起こるんじゃなくて、
「掃除をすると新しい動きがある」というだけの
こと。
多分キミは本当にはその効果を信じていないんじ
ゃないかな？
病気になったとき、「これが特効薬です」とされ
ているものは飲むでしょ？
「それによって本当に変化が起こる」と知ってい
たら、せっせとやると思う。
でも、したくないことを無理にする必要はないよ。
いろんな方法の中で、キミが一番気が向くことか
ら始めればいいよね。

ダイジョーブッダの教え

気が向くことから、
始めればいい。

Start with what you feel like doing.

いつも怒鳴る先輩への接し方

相談内容

栄養士として働いていますが、大ベテランのおばちゃん調理員の方が恐くていつも怒鳴られています。私はダイジョーブタさん流に努力して穏やかに接しています。でも、恐くて手が震えたり、涙がこみ上げたりすることもあります。これも、類友、なのでしょうか。私のどこかの行いの結果なのでしょうか。

（埼玉県・30歳・女性）

ダイジョーブタからの回答

「類友」の「相手と同じ要素が自分にある」という意味は、「怒鳴る人がいる＝自分も怒鳴る」ということではないよ!?

そのおばちゃんのこと、キミが恐れているから、相手はますます怒鳴っちゃうんだ。凸と凹の関係と同じで、怒鳴ることに対して、右と左へ同じ量だけ揺れているんだよ。

はっきり言ってごらん!?「もう少し優しい言い方をしてもらえませんか？」とか、「もっと楽しくやりましょ!?」とか。このとき、「私のどこが悪いんですか!?（怒）」とおばちゃんを非難しないこと。今までのパワーバランスが崩れると、おばちゃんもビックリすると思うよ＾＾。

ダイジョーブッダの教え

困ったら、パワーバランスを崩してみる。

If it's upsetting you, try changing the balance of power.

年下の同期より昇給が低い……

相談内容

年下の同期の子より昇給が低いことを知り、モヤモヤしています。彼女は忙しい時に突然休むし、愛想も悪く、ネットを見たり居眠りをしてサボっているので何だか不公平に感じます。

私、認められてないんだなと落ち込みました。

ダイジョーブタさんならどう考えますか？

（東京都・38歳・女性）

ダイジョーブタからの回答

人は人。その同期は、キミの見ていないところで、素晴らしい努力をしているかもしれない。他人への評価は気にしなくていい。

もし、その同期が不当なやりかたで良い評価を受けているとしたら、必ず学ばされることが本人に起こるから、キミがそこを追わなくて大丈夫。

もし、その同期がキミと同じ給料だったら、「それならいい」って思うのかな。もしキミよりも少ない給料だったら、満足するのかな？……それは、違うよね。むしろ、これをきっかけに、キミの仕事への向き合い方をちょっと変えてみたら？

変化できるときだよ！　キミのことを見てくれてる人は、ちゃんと見てるから大丈夫。

ダイジョーブッダの教え

これをきっかけに 変化できるとき！

Use this as an opportunity to change yourself.

Chapter

4 心の葛藤

IN YOUR MIND

ネガティブな人は避けていい？

ネガティブについてずっと悩んでいます。ネガティブやポジティブに良い悪いはないのですが、ネガティブな会話や暗い雰囲気が苦手です。そういう方と会うと避けてしまいます。聞き流すことができればいいのですが、不器用なのでうまくできずにいます。何か良い方法はないでしょうか？

（兵庫県・25歳・女性）

$\downarrow$

「そういう人がいたら避けてしまう」というのも、はじめはそれでいい。ただ、「だから、あの人は嫌い」という好き嫌いを持たない（まわりにも言わない）こと。単に離れる、遠ざかる、という姿勢でいいんじゃないかな？

そして、「そういう会話には自分は影響を受けない」と決めること。

この「決める」ってすごい効果があって、たったそれだけで、もしまわりにその手のことを話す人がいたとしても、キミが悪い影響を受けることはなくなっていくんだ。

そうしているうちに、だんだんと、そういう人がキミのまわりから減っていくようにもなる。

「ネガティブには
影響を受けない」と決める。

Resolve to be unaffected by negativity.

周期的にやってくる気持ちの波

相談内容

プラスに過ごしていても、定期的にマイナス感情がやってくることがあります。12月や3月は特に、毎年のように一度はモチベーションが下がり、また上がるのを繰り返しています。時期的なものかもしれませんが、正直心が追いつかないです。波があっても、気持ちを穏やかに保つ方法はないでしょうか？

（福岡県・34歳・女性）

ダイジョーブタからの回答

いい質問！

これは大なり小なり誰にでもあることで、天体の動きや、暦の影響や、キミ自身のバイオリズムからも影響を受けているから、そういう時期があって当然なんだ。たとえば「更年期障害」でイライラする場合、現代では「それはそういう時期だから、イライラするのが自然」と納得しているけれど、それが解明されていなかった時代は、「どうして理由もなくイライラするのだろう」と思ったはず。それと同じこと。

その時期がやってきたときは、「いずれ必ず抜けるから問題ない」と受け入れること。

実際そういう時期は、無理して自分から動かない、相手のペースにまかせる、頑張りすぎない、など、自発的に行動を起こさない方がいい時期だったりもする。

つまり、「静かにのんびりさせるために、自然に
気持ちが落ちてくれている」とも言えるんだ。
そういうとき、ボクは、たまっている本を読んだ
り、片付けをしたり、のんびりゆったり過ごすよ
うにしているよ!?　下がる時期があるから、上
がる時期をまた楽しめるんだよね。

ゆっくり寝れる

不調なときは、
がんばらなくていいとき。

It's when you're in a slump that you
have to work your hardest.

QUESTION

60

「引き寄せ」は心が強くないと無理？

相談内容

自分に自信がなく基本的にマイナス思考です。自分の考えが物事を引き寄せると言いますが、よほど気持ちが強い人でないと悪い方に考えがちになるのではないでしょうか？　本来人間は放っておくと不安な考えに走る傾向があるそうで、だから皆悩みます。心が強い人だけが意思が強くて引き寄せがうまくできるの？

（新潟県・45歳・女性）

ダイジョーブタからの回答

これもすごくいい質問！

まず、「人は基本的に悪い方に考えやすい」と言うけど、意外とそうでもない。「基本的にいつも明るい方へ考えている」という人もいるんだよ。

「悪い方へ考える根拠はなんだろう？」と分析してみてほしい。このとき、「どう考えても悪い条件が揃っている」という現実がはっきりある場合は別にして、「単に自分が想像しているだけ」というときもないかな？

まだ起きてもいないし、悪い方へ向かうと決まってもいないのに、自分が勝手に想像しているだけ、ということ。このとき、キミが何を想像するかは自由なんだ。想像ではどんなふうに思ったっていいわけだから、キミが望むような方向へ想像する癖をつけると、そのイメージの方向へ現実は動いていく。気持ちが明るくなっただけで、言動が活発になるからね。

たしかに「強い意思」は必要かもしれない。でも実は、

92

「強い意思」で無理やり明るく考えているのではない。明るく考える人の多くは、「そう考えたほうが楽しいから、ワクワクするから」という理由だったりする。そのほうが自分の気持ちが穏やかだから、という単純な理由なんだ。

誰でも考え方の癖があるから、つい悪い方へ考えてしまうときもある。このときに、「あ、こういうときこそ明るい方へ考えればいいんだった……」と気付き、思考を修正する努力は必要だと思う。

明るく考える癖がついてくると、それが自然になるから、そこに「意思の強さ」や「頑張ってそう思う」という感覚はなくなっていくんだ。

そして、自分の思考に沿った方へ現実が流れて行く、ということを実感できるようになっていくはず。

改めて、この質問、すごくいいねえ!!

ダイジョーブッダの教え

明るいほうへ考えるのは、そのほうが自分の気持ちが楽だから。

You'll have an easier time if you keep your outlook bright.

自分に自信がなく、人の顔色を見てしまう

昔から自分に自信がなく、人の顔色を見てしまいます。結婚していないし彼氏もいないし一人暮らしで寂しいせいか、見捨てられないように常に相手に合わせてしまいます。結婚も全然あきらめていないし、好きな人と結婚できるはずと思っていますがなかなか……。元々マイナス思考も強いので常に悩んでしまいます。

（新潟県・42歳・女性）

少しは
合わせたら?

今日から、すべて自分の本音で生きてみて!?
本音で生きるとは、自分の感じ方を大事にする、ということ。異性でも同性でも、本当に好きな人と時間を過ごし、本当に賛同できることだけに賛同すること、心がモヤッとすることは、たとえ強引に誘われてもしなくていい。
実は、「本音」というのは直感なんだ。心がモヤッとするのは、「そっちは選ばない方がいい」というサインなんだよ。その感覚は、他の人と同じじゃない。隣の人にピンと来たことでも、キミにとっては違うということがたくさんある。
そうやって自分の心に正直に生き始めると、楽になる、気持ち良くなる。自分の判断で選べるようになるから、自分が好きになる。
その楽しい波動が次の楽しいことを引き寄せるんだ。好きな人ができるときも、とにかく自分の生活が楽しく充実しているときだよ!?

ダイジョーブッダの教え

本音で生きると、自分が好きになるよ。

Live true to yourself and you'll come to like yourself.

人の幸せを喜べない自分

相談内容

人に幸せなことがあると自分の自信のなさや幸せを掴めてない現状と比べてしまいます。とても心を締め付けられ、焦る気持ちになるので解決したいのです。本当にこんな自分が情けなく、嫌いになってしまいます。人の幸せを喜ぶことがなぜこんなに苦しく難しいことなのでしょうか？

（福島県・36歳・男性）

ダイジョーブタからの回答

自分のまわりにいる人は、今の自分のバロメーター。つまり、キミのまわりに幸せな人がいるのは、キミもそれと同じステージにいるということ。

運の良い人の近くにいると自分も開運するように、幸せな人がまわりにたくさんいると、自分も引っ張り上げられる。その幸せが、自分にシンクロする。同じような幸せが次に起こるのは、キミだよ。人の幸せを嫉妬していると、また「嫉妬したくなる状況」がやって来る。

イメージングの力は、キミが毎日思うこと、感じることにも働いている。人のことを見て幸せな気持ちになれば、それはキミ自身が幸せになることをイメージしているのと同じなんだ。

ダイジョーブタの教え

周囲の幸せはキミの幸せとじつはイコール。

The happiness of those around you is actually your own happiness.

周りのマイナス思考が気になってしまう

相談内容

プラス思考を心掛けるようにしたら、まわりの人のマイナス思考や表情に胸を痛めるようになりました。その度に結局悲しくなったり、イライラして意見を言ってしまいます。同僚なので会わないわけにもいかないし、どうしたらいいですか？

（千葉県・27歳・女性）

ダイジョーブタからの回答

気持ち、よくわかるよ。
でも、それこそが「おためし」。
まわりにそういうことを言う人がいても、平常心でいられるかなっていうおためし。
相手を正したり、そこに心を痛める必要はない……はっきり言えば、相手を直してあげようとするのはこちらのエゴ。
もちろん、相手がアドバイスを求めているなら別だよ。でも、相手の感情の持ち方は相手の自由。
そこに時間を割くより、せっかくいろんなことに気付けたキミにできることは、他にたくさんあるよ。

ダイジョーブタの教え

他人の感情は、
キミとは無関係だよ。

The feelings of others have nothing to do with you.

過去への罪悪感

過去に、自分がしてきたことで、なんてひどいことをした……、とすごく後悔して取り消したいと思うことがあります。

過去は変えられないけれど、こんなひどいことをして、自分は幸せになってはいけないような気にもなります。過去をどうやって清算し、会えない相手にきちんと謝罪ができるでしょうか……。

（埼玉県・31歳・女性）

その思いは、もう相手に届いてる！

意識は目に見えないところでつながっている。キミがいつまでもこだわっていると、相手もそれに足を引っ張られる。

忘れてあげる方が、相手にとっても良いことかもしれないよ！?

忘れるのは無責任とは違う。反省しないで忘れるのは責任放棄。でも充分に反省したあとに忘れるのは、お互いに次のステージに踏み出す前向きな動きだ。

忘れることは、前向きなアクション。

Forgetting is an action taken to move forward.

断る勇気をください

人間関係で自分の意見を伝えたり、断ること、拒否することが苦手です。そのため利用されたり、楽しくない会話を延々聞いていたこともあります。とても疲れますし、嫌になります。
どうか助言をください。お願いします。

（大阪府・37歳・女性）

「断りたい気持ち、やりたくない気持ち、行きたくない気持ち」を伝えるようなときこそ、相手を傷つけない「ホワイトライ（white lie）」というものがある。思いやりのある小さなウソ。
「最近、ちょっと忙しいから考えさせて」って、その場は保留にしてもいいよね。サラッと断れば、相手もサラッと次の人を誘える。重く考えるから、向こうも重く捉えるんだよ。
自分の感覚できちんと断わってくる人には、誘う側も、「そのつもりで」誘う。つまり、絶対に断らない人には、「絶対に来るでしょ!?」というエネルギーで迫って来るんだよ。

サラッと断る。

Just say no.

過去を手放して生まれ変わりたい私

相談内容

ワクワクするより、すぐに過去の辛さが浮かんできてしまいます。過去を手放すには何を大事にすれば良いでしょうか？

（東京都・49歳・女性）

ダイジョーブタからの回答

これまで何回も書いているけれど、過去のことを思い出して暗くなったり憂鬱になったりすれば、そのマイナスの波動が影響を与えるのは「今」なんだ。

つまり、思い出せば思い出すほど、その感覚と同じ種類のことを引き寄せやすくなる。

この仕組みを本当の意味で理解すること。

その過去の出来事は、今日からのキミには一切関係ない、もう終わったことだ。今日から新しい自分になる！と思うこと。

思い出しそうになったら、「あ、そこを思い出さなくていいんだった！」とすぐに切り替える練習をしてみて！

ダイジョーブタの教え

ネガティブな過去を思い出すと、
現在に影響する。

Remembering negative experiences will affect you now.

自然体でいられる
アドバイスを

相談内容

ダイジョーブタさんこんにちは♪
私は普段からポジティブに考えられるようになりました☆★でも、小さい頃から何かと緊張してしまうのは変わりません。些細なことでもドキドキしてしまって、自分らしさをなくしてしまうことがあります。もっと自然体でいられるアドバイスを教えて下さい！

（宮城県・19歳・女性）

ダイジョーブタからの回答

緊張したら良くない……本当にそうかな？
それ、思い込みじゃない？
緊張するのは、普段の自分より良く見せようとか、上手にやろう、とか思うからだよね。
緊張してもしなくても、実は結果は同じなんだ。知らない間に、普段のキミが出ている……だから緊張したって大丈夫なんだよ。
緊張、大いに結構！
結果は同じだから、そのドキドキ感を楽しもうよ。

かまえ

ダイジョーブッダの教え

緊張しても、
失敗にはならない。

Being nervous doesn't mean you'll fail.

夢を持ち続けていいのか不安です

相談内容

自分の本音のままの願望はモラルに反するのではないか、他に迷惑をかけるのではないかという気がして、素直に願うことに恐れや罪悪感があります。でもあきらめられません。私の夢は本当に正しいことなのかと自信が持てず、苦しいことばかり引き寄せているようです。

願望を持ち続けていいのでしょうか。

（大阪府・51歳・女性）

ダイジョーブタからの回答

「正しい、正しくない」っていう判断は、反対の立場から見るとまったく違った基準になる。キミが「正しい」と確信したことでさえ、違う立場から見たら「間違っている」と思われてしまうこともあるんだ。

他人の基準は、他人の基準。キミは、他人の基準のために生きているわけではない。「これを選ぶと、ああなってしまうかもしれない……」という想像は、キミの思いこみ。

本当に、キミの望みがキミの本心から出ているものであれば、今のキミが思いもつかない方法で、それが実現する新たな方法が出てくる。

「そんなことはあり得ない、誰かが犠牲になったり我慢をしたりすることになる」というのも、キミの思いこみ、今はそのための方法が見えないだけ。だから

「自分もみんなも納得する形で、実現する」と思うこと。

キミは自由にそれを思い続けていいんだよ。

世間の常識は時代と共に変わっていくということを忘れないでね。（たとえば）ほんの10年前、できちゃった婚は恥ずかしいことだった、でも今は「授かり婚」と言うんだよ？　そのときのモラルは、あくまでそのときのもので、絶対的に正しいものではない。自分がそれをどう捉えるか、どう解釈するかだけだよ。

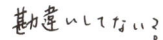 勘違いしてない？

常識が正しいことだとは限らない

世間の常識は、不変ではない。

The world's common sense isn't an unchanging concept.

人の評価ばかり気になる

私は人からよい評価をされたいと思う気持ちが強く、自分はどう思われているんだろうと気になって胃が痛くなることがよくあります。
自分は自分と前向きに考えられる時はいいのですが、そうできない時もあり、自分を変えるためにどうすればいいかアドバイスをお願いします。

（三重県・32歳・女性）

人から良い評価をされても、その状況にキミが心から幸せを感じられなかったら意味がないよね。他人の評価を考えて動くから、それが本当にそうなっているか、他人の評価が気になっちゃうんだ。今日から着るもの、食べるもの、通る道、どちらにするか、行くか行かないか、すべて自分の本音で選ぶようにしてみて!?　本音の通りに選ぶようになると気持ちいいよ〜♪　日常の小さなことから始めると、大きな決断も本音で選べるようになるよ。

自分の本音で選ぶようになると、
他人の評価は気にならなくなる。

Learn to have fun being true to yourself and
other's opinions won't matter.

両親の死への恐怖

相談内容

両親と３人で暮らしています。いつかは両親が亡くなると思うだけで悲しくなり、涙が出てきます。普段はなるべく考えないようにしていますが、ひとりになった時にそのことを考えてしまい、悲しくなります。仕方のないことなのでしょうか。

（東京都・47歳・女性）

↓

ダイジョーブタからの回答

それくらい大事に思える両親がいることに、まずは感謝だよね。

次に、これから先、キミがどんな暮らしをしたいか……。親がいなくなる日まで、毎日毎日、それを恐れながら、悲しんで人生を過ごすのか。キミがワクワクと輝いている方が、親は幸せだよね。キミのやりたいこと、望んでいる状況、作って行きたい仲間や環境など、キミが理想とするものに意識を集中させること。人生を楽しむこと。そっちに集中して楽しくしていると、その不安はなくなるよ。

ダイジョーブッダの教え

キミが楽しくしていた方が親は幸せ♪

The joy in your life brings your parents happiness.

心配ばかりしてしまう

いつも先のことを心配しすぎてしまいます。
例えば旅行に行く前だと、旅行中しんどくなった
らどうしようとか。そんなこと考えて行く前にし
んどくなっちゃいます。
この心配性、どうしたら良いでしょうか？

（神奈川県・34歳・女性）

ダイジョーブタからの回答

「心配する」というのは、なんの解決にもならな
い。むしろ、その心配事が現実になるようにエネ
ルギーを与えてしまっている、と理解することが
大事。これまで、心配事がその通りになることが
多かったんじゃないかな？（だから次も心配する
んだよね？）でもそれは、「心配する時間が長か
ったから」なんだ。思い切ってやめてみたら、そ
の心配事は起こらないよ!?
心配しそうになったら、「あ、またやっちゃった、や
めやめ」と、すぐに意識をそらすこと。時間をか
けて考えるのも、意識がそこに向いているんだか
ら心配するのと同じだよ!?　とにかく、パッと違
うことに意識をそらすんだ。試してみて！

ダイジョーブッダの教え

「心配」は
なんの解決にもならない。

Worrying doesn't solve anything.

ひとりの時間が多くて寂しい

相談内容

結婚と共に主人の転勤で故郷を離れました。
遠いので帰省できるのは年に一、二度……恥ずかしい話ですが、実家を離れたことが初めてなのと、友達もいないのとで毎日寂しいです。
ひとりで過ごす時間が多い中、明るく前向きに過ごすにはどうしたら良いでしょうか。

（静岡県・34歳・女性）

ダイジョーブタからの回答

いいなあ〜、ひとりの時間。
ボクはひとりでいられるうちに、たっぷり本を読んで、たまっている映画を見て、自分の好きなことをするなあ。習い事もしたいし、どっこらしょと落ち着いて、黙々と好きなことに取り組める。
ゆっくりと、キミの好きなことを形にしていく時間があるんだよね。
ライフプラン、じっくり練れるよね。

ダイジョーブッダの教え

ひとりの時間も、至福のとき。

Alone time is bliss.

7年前に母を亡くしました

相談内容

暗い話でごめんなさい。7年前に母を亡くしました。今度は父がいなくなってしまったらどうしようと不安に思うことがあります。思わないようにしようとしても不安感がどこかにあります。
どうしたらよいでしょう？

（秋田県・37歳・女性）

ダイジョーブタからの回答

とっても辛かったね。その思いは、経験した人にしかわからない。でも、「続けてお父様も亡くなる」なんて思わなくて大丈夫だよ。
逆から考えてみて!?　もしお父さんに、「次はキミがいなくなるかと思うと、不安で不安で仕方がない」と言われたら、「そんなことはない、私は大丈夫、安心して！」と本心から思うよね？
大事な人を亡くすと、死の不安がどこかにあるのは自然なこと。でも、それを考え続けても、なんにもならない。人はいつ亡くなるかわからない、それはキミもボクも同じ。もしかしたら明日かもしれない。だったら、今日を精いっぱい楽しんで生きた方がずっといいよね。

ダイジョーブッダの教え

キミもボクも
いつ亡くなるかわからない。

You never know when you or I will pass away.

無意識に出る
ネガティブな口癖を直す

相談内容

私は気を抜くと自分を虐げたり、不安にさせる言葉が口癖で、無意識に出ます。また言ってしまった、嫌だなと思っても出てしまうのです、前向きに自分を満たそう、不安を捨てようと意識してると尚更出るのです（笑）。
困りました。

（福島県・35歳・男性）

ダイジョーブタからの回答

「言うのをやめよう！」と思うのではなく、使っていて自分が「いい気持ち」になる言い方をすればいい。
たとえば、「○○にならなかったらどうしよう」ではなく、「○○になったらすっごく嬉しい」というように、プラスの言葉に言い換えるんだ。
困ったことが起こった瞬間に、「どうしよう」ではなく、「大丈夫！」と言うようにするだけでも、起こることは全然変わってくる。
「自分の口癖が、自分のまわりに起こること全部に影響を与えている」ということが本当にわかってくると、自然に気をつけるようになると思うよ。
まずは実験だね。

ダイジョーブッダの教え

ネガティブな口癖は、
表現を言い換えよう。

Let's put a positive spin on our negative ideas.

過去のイヤな自分と向き合いたい

相談内容

若い時の自分を受け入れられずに目を背けてしまいます。仕事に対する姿勢など、ひどかったことを思い返すと胸が苦しくなり、自分がイヤになります。うまく向き合える方法はありませんか？

（福岡県・30歳・女性）

ダイジョーブタからの回答

昔の自分の良くなかった部分に「気付いた」というだけで、もう充分に受け入れていることになっているよ!?
反省しているのであれば、「今」の自分を明るい状態にすること！
未来を変えられるのは「今」だけ！

今！

ダイジョーブッダの教え

「気付いたこと」は
受け入れている証し。

The fact that you've realized it is proof you've accepted it.

「やらなきゃいけないこと」に
追われる！

相談内容

私はいつも「やらなきゃいけないこと」ばかり考えて行動しているのですが、それはダイジョーブタさんの言う「こうあるべき」の枠にとらわれていることになるのでしょうか？
教えて下さい。よろしくお願いします。

（岡山県・37歳・女性）

ダイジョーブタからの回答

たしかに、絶対に期限が決められていることについては、それを優先するべきだよね。
でも、その基準や期限を自分が作っていることってない？　考えてみると、「これは来月でも（来週でも）問題なかった」というように、自分で自分の首を絞めていることも結構ある。
ボクの場合、やるべきことが山積みのときは、一番気が乗ることから始めてみる。するとボクの心が楽しくなるから、面倒だと思っていたことにもあっさり向かえて短時間で終わったり、楽にこなせたりする。
人生の時間は有限。キミが本当にやりたいことをするための時間を徹底的にとろう。

ダイジョーブタの教え

課題山積みのときは、
気乗りすることから始める。

When you to-dos pile up, start with those
that are interesting.

47歳・子供がいません

相談内容

夫と愛犬と楽しく暮らし、介護のパートをしています。同僚はみな子供がいます。47歳になり、子供はできず、子供の話題で盛り上がる時、顔で笑って取り繕うのですが、ミジメな気持ちになります。対処方法ありますか？

（東京都・47歳・女性）

ダイジョーブタからの回答

夫と愛犬と楽しく暮らしているなら最高じゃん！
もし、同僚たちに子供がいなかったら、ミジメにはならない？　だとしたら、それって「みんなと同じなら幸せ」という基準だよね。
そして、子供がいなくても輝いている人を見たら急に「これでいい」と思えるんじゃない？
その基準でいると、どんな環境に行っても、自分にないもの探しを始めるよ!?
仕事でも趣味でも、ふたりで新しい共通のこと、なにか始めたら？　全部ふたりだけのために使える時間なんだ。子供の都合に振り回されない長期的な人生計画を立てられるよね。
うん、考えるだけで楽しそう♪

ダイジョーブタの教え

「みんなと同じ」が
幸せなわけじゃない。

Being the same as everyone else doesn't equate with happiness.

1度失敗したプレッシャー

相談内容

前に1度失敗したことがあって、今度こそは、と
プレッシャーがすごいです。そして「どうして自
分はクヨクヨしてしまうんだろう……」とまたネ
ガティブに。
ダイジョーブタさん、すごく怖いです。
不安はどうすればいいですか？

（栃木県・17歳・女性）

ダイジョーブタからの回答

それは「失敗」じゃなかったんだよ。あのとき、
いろんなことを感じたり、学んだりしたでしょ？
次にトライするための準備段階だっただけ。
次にうまくいくため、予定通りに進んでいるから
大丈夫。
あのときは、その経験が必要だっただけなんだ。

ダイジョーブタの教え

人生に「失敗」はない。

There's no such thing as failure in life.

辛い過去の記憶との決別

相談内容

私は、過去（子供時代）にものすごく辛かった経験があります。今でも、前へ進もうとしている時にトラウマや思い癖となって現れ、なかなか前へ進めずにいます。どうやって自分自身と向き合えば良いかがわかりません。よろしくお願いします。

（兵庫県・33歳・女性）

ダイジョーブタからの回答

はっきり言おう!!!
過去のことは、今のキミになんの影響もないよ。まわりの人も、キミのことをそんなふうには見ていない。初対面の人は、キミにそんなことがあったなんて思いもしないし、まわりの人も、キミが思っている以上に、他人のことをそこまで考えていない。キミがそれを考え続けたときにだけ、影響が出てくるんだ。
頑張って向き合うことが解決だと思っていない？　それをすると、過去の嫌な気持ちを思い出して、それが今起きているのと同じ波動になっちゃうよ!?　全部なかったことにして、忘れてしまっていいんだ。今日から、新しい自分！

ダイジョーブタの教え

過去と向き合わなくていい

You don't need to face your past.

言われた一言を
気にしてしまう性格

相談内容

私は人から言われた一言をすぐに気にしてしまってよく落ち込んでしまいます。主婦で子供が2人いるのに、なかなかプラス思考の明るい自分になれず掃除もだらだら1日中している状態で疲れます。どうしていいのかわからず、自分の本音もあまりわからず、色々できない自分に悩みます。

（大阪府・33歳・女性）

ダイジョーブタからの回答

「今日から、他人の言葉に傷つかない！」と決めること。その相手は、大して深い意味もなく言ったのかもしれない。

逆から考えてみて？

キミが他人に気楽に言った言葉で、相手が必要以上に落ち込んでいたら、ビックリするよね。そして、他人に言ったことすべてを、いつまでも覚えているかな。

もし、そこに相手の深い意図があったとしても、すべての人がそう思っているわけじゃない。

「みんなそう言っている」とか言う人もいるけど、たいてい「みんななんて言っていない（言っているのは本人だけ）」からね。

ダイジョーブタの教え

その一言はその人だけの意見。
正解とは限らない。

A person's opinion is just that. It's not necessarily right.

毎日のニュースに不安になります

相談内容

毎日のようにテレビでは悲しいニュースや信じられないおそろしい事件などが報道されています。それでも自分は意識を切り替えて、楽しく過ごせばよいのでしょうか？

（群馬県・34歳・女性）

ダイジョーブタからの回答

もし、それを見て罪悪感があるのであれば、それを見た後、本気で世界を変える活動をしているかな？　ただ見ているだけ、ただかわいそうがるだけでは、その悲しみのエネルギーを増やすだけだよ!?

ボクは、そういう悲惨なニュース（今すぐ自分の力で改善できないようなニュース）を見ると、「今の自分にできる幸せの種を蒔こう」と思うんだ。つまり、自分が影響を与えられるまわりの人を幸せにしたり、与えられている目の前のことを一生懸命やったり……目の前の仕事や作業に感謝して、楽しく向き合う、ということも、実は幸せの種を蒔くことにつながっている、とわかる。その楽しさのエネルギーがまわりに伝染するからだ。

そして、自分の人生に「生きているって素晴らし

い」と自信を持って言えるように幸せになろう、と思うんだ。

たとえばね、戦争をやめさせたければ、「戦争反対！」と叫ぶよりも、「平和賛成」に意識を向けた方がいい。悲しみにフォーカスするのは、それと同じ種類のものを増やしていくだけだから。

たとえば、Aというやり方が違うと思ったらAを批判するのではなく、それと逆にあるBを応援する、というように、キミが増やしていきたいものにエネルギーを注げばいいんだ。

好きなこと、賛成のこと
ワクワクすること

応援したいこと

だから、キミが世界を良くしたいと思うのであれば、ますます今キミのまわりにある幸せや明るさに焦点を当てて、そこを拡大してほしいな。

悲しみにフォーカスしても、
世界はよくならないよ。

Just focusing on sad realities won't
change the world.

負のエネルギーをはね飛ばす方法

毎日職場でやることなすこと否定され、少しずつ退職に追い込まれています。

私も辞めたくて仕方ないのですが、今辞めると、職場の人たちの負のエネルギーを一身に背負わされるようで、不快でなりません。

どうすべきか、アドバイスをお願いします。

（東京都・37歳・女性）

負のエネルギーを受ける？　受けないから大丈夫。

ボクならすぐ辞める。そして、その「念エネルギーに負けない！」と思うのではなく、はじめから「そんなものは受けない」としてなかったことにする。

負けない！と思うのは、すでに闘っていることになっていて、相手のエネルギーを増幅させちゃうからね。

そして悲しむのも同じなんだよ。不条理なことに感じるかもしれないけど、キミが悲しむと、相手は「負のエネルギーを送る意味がある（＝相手から相応の反応がもらえる）」とわかってしまうので、ますます負のエネルギーを送り続ける。これは、距離が離れていても同じこと。

送られている方（キミ）がなんの影響も受けていないとわかると、相手のエネルギーは別のところに向き始める。

「負のエネルギー」は
受けないと決める。

ちょうどいいのが
あった！

これ〜

Resolve to not let
negative energy
affect you.

スピリチュアルなこと

SPIRITUAL

あれ!?
リボン…

「直感」と「考え」の違い

相談内容

時々「直感」と「考え」のどちらなのか分からなくなるときがあります。ピンときても、そのことを考えていると、次第にどこまでが直感なのかがわからなくなってしまうのです……。直感に付随するものがあれば、それは直感ではなくなるのでしょうか？　何か区別（判断）する良い方法があれば教えて下さい。

（福岡県・34歳・女性）

ダイジョーブタからの回答

直感は自分の本音の感覚なので、一見すごく紛らわしいのだけど、慣れてくるとわかるようになる。そのためには、ふとそれを思いついたときに、すぐに行動に移すこと！

しばらく時間が経ったり、そのまま考え続けたりしていると、「それでいいんだろうか？」と「思考」が邪魔をしてくる。動いてみて、その結果「これは違った！」と思ったら、やめればいい。方向転換してもいい。

とにかく気楽に、すぐに行動に移すことが大事。試しに行動してみると、頭でつじつまを合わせて考え出したものと、ポッと浮かんだものとの違いが、だんだんわかってきて面白いよ。

ダイジョーブッダの教え

「直感」に慣れるには、すぐに行動を起こすこと。

It's important to act immediately to get used to your intuition.

輪廻転生が信じられません

相談内容

輪廻転生を否定しています。元クリスチャンだった影響からだと思うんですが、私なりの信仰（信念）スタイルを貫いていいんでしょうか？（キリストを信じる信じないにかかわらず、やはり天国ってあると確信しています）

（兵庫県・42歳・男性）

ダイジョーブッタからの回答

キミはキミの信じるものを信じればいい!!
輪廻転生にしても、他のことについても、「キミが捉えたように展開していく」というだけ。
たとえば、それまで輪廻転生を意識していなかった人が意識し始めた途端、急にそれに関係あるとしか思えないようなことが起こり始める（前世を意識せざるを得ないようなことが起こり始める）、というように、そこに意識を向けると、そういう流れの人生になる、というだけのこと。
ちなみに、ボクが輪廻転生を信じているのは、そう考えるとつじつまの合うことがたくさんあるから。そして、次の人生があると思った方が、楽しいから。ただそれだけ。

ダイジョーブッダの教え

キミが信じるように、
世界は展開する。

The world will develop as you believe.

まわりはドリームキラーばかり

相談内容

めげそうになると必ず夢に関係あるシンクロが起こり、宇宙が味方してくれてるんだと安心します。が、まわりはドリームキラーばかりで味方はゼロ。見えない味方（宇宙）を信じるのは現実逃避してるってことでしょうか……。

（千葉県・27歳・女性）

ダイジョーブタからの回答

現実逃避じゃない。本当にダメなときは、夢だって変なものを見ると思うよ!?
ドリームキラーがいようがいまいが、キミの夢には影響ないし、雨が降ろうが風が吹こうが、キミの夢はそこにある。
もし、まわりの反対に我慢ができなくなったら、「応援しなくていいから、好きにやらせてほしい」と宣言してごらん!?

好きにやらせて…

ほおっておいて…

ダイジョーブッダの教え

キミの夢に影響を及ぼすものはなにもない！

There's nothing that will affect your dreams.

宇宙の法則なの？

某占い師によると12年に１度、３年間続く厳しい年があると。何をやってもすべてうまくいかず、宇宙の法則とまで言っていました。来年私はそれに入ります。今思えば12年前、とても辛かった時期があり、また同じ辛い時期が来るのかと思うと今からびくびくしています。

どう向き合っていったらいいですか？

（千葉県・38歳・女性）

そういう時期、ボクもあったよ。

誰にでもやって来る。でもその時期は、なんとなくやる気が起きない１年だったから、スピードを緩めたり、迷ったときは相手の意見にまかせたりして、大きな行動に出ないようにしたら、いつもの年と同じだった。悪いことなんて何もなかった。

むしろ、その時期は準備期間。焦ったり新しいことを大きく始めたりしないで、自分を振り返ったり、未来の計画を立てたり、勉強をしたりしてメンテナンスをすればいい。

「大変なことだけが起こる時期」なんていうことはあり得ないよ。いつもより疲れやすい時期に、それでも頑張るか、ちょっとのんびり休めばいい、と捉えるかの違い……。

その期間の良くない面を取り上げて大げさに伝える人ややり方、ボクはあまり好きじゃないな。
休みたくなる時期は休んでいい時期、いつもより力を緩めていい時期、いい加減（＝良い加減）に過ごしていい時期、堂々とのんびりして未来の作戦会議ができる楽しい時期だよね。

「休みたくなる時期」は
休んでいい時期だよ。

The time you feel like a break is the
time to take a break.

夢の活用法

最近、こうなるとイイなというような小さなことがちゃんと起こってくれて、そうしてくれる力に感謝の日々です。

その反面、眠っているときに悪夢をとてもよく見ます。その度に現実とのギャップに心が疲れます。

いい夢を見るためにできることはありますか？　それとも、これは何かのメッセージなのでしょうか？

（大阪府・35歳・女性）

いい夢を見るにはね、寝る前の状態がかなり重要なポイントなんだ。たとえば、最近あった嬉しいことを思い出す、未来の楽しい予定のことを考える、大事な人や、今日も1日無事に過ごせたことに感謝をしながら眠る。気持ちの良い音楽を聴く、いい香りにうっとりする……など良い気分の状態になるといい夢を見やすい。

「いい夢」だけではなく、「面白いな」と思える不思議な内容だったり、これはあのことの答えかもしれない、と思えるようなメッセージ性の強い夢を見ることにもつながる。

悪い夢、というのは、多くの場合、何かを暗示しているというより、直前に考えていたこと（映画などの映像も含めて）や、手を胸やお腹に置いたまま寝た、な

ど、身体的・直接的なことも多いので心配しなくて大丈夫！

夢占いからでもわかるように、「嫌な夢＝悪い夢」とは限らない。その夢の吉凶を気にするより、夢の中は潜在意識100％の状態だから、自分が知りたいことの答えがやって来ているかもしれない、というスタンスで眺めると面白いよ。

夢の中で印象に残ったこと、ふと感じたことは、それをそのまま日常生活に生かしていいんだ。帆帆ちゃんも、夢の中で見た言葉や絵を表紙や本のタイトルに使っているって言ってるよ♪

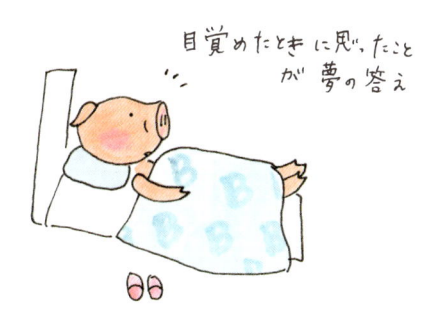

目覚めたときに思ったことが夢の答え

ダイジョーブッダの教え

「嫌な夢」は
「悪い夢」とは限らない。

A nightmare and a bad dream aren't
necessarily the same thing.

「ひらめき」と「衝動」の違い

相談内容

ひらめきと衝動の違いを教えて下さい。私の目安は、今でなくてもいいけど今した方がいいような気がするのがひらめきで、何が何でも今！と我が入った場合が衝動かなと思っていますが、どうでしょうか？ 実際、衝動で行動した場合は占いの暦も良くない日が多いです。

ダイジョーブタさんはどう識別して動いていますか？

（兵庫県・42歳・女性）

ダイジョーブタからの回答

暦と　　　ボクの心と

どっちが大事か
って言ったら…

衝動的な思いつきも、「ひらめき」のうちに入るよ。「ひらめき」でも「衝動」でもどちらでもよくて、とにかく、理由なくふとなにかを思いついたときは、すぐに試してみること。すると、次の展開があるから、どうしてそれを思いついたのか、理由がわかる。

きのうの夜もあった!!　仕事に必要なある買い物……それは明日でも済むのに、なんだか今晩中に用意した方がいいような気がしたんだ。しかも、さっきそのお店の近くから帰って来たばかりだし、もう夜なのに、それでも気になったのでもう一度同じお店に行ってみた。そうしたらやっぱり、「そのお店に行くべき理由」を他にも思い出して、出かけて良かった、ということになった。

それからね、直感は毎日のようにやって来るので、それによって行動した日のすべてを「占いでの吉日」で見るのは、あまり意味がないような気がする。

占いで良くない日だから動かない、ではなく、基準は、自分の直感（本音の感覚）。直観を基準にしたものは、たとえ暦上で良くなくても、その影響を受けない動きになっていく。

だって、「良くない日」なのに、それを思いついているということは、「そういうもの」の影響を受けない、キミにとって良い動きになるから思いつかせてくれている、と捉えるんだ。

ダイジョーブッダの教え

ひらめきをすぐ行動に
移せば、次の展開がある。

Act on your inspiration to bring forth
the next step.

占いはどこまで信じていいの？

相談内容

片思いの彼とのことを霊能力のある占い師やタロット占いでみてもらったのですが、「彼とあなたとの結婚はありません」とはっきり言われてしまい、生活にワクワク感がなくなってしまいました。
でも彼のことが好きな気持ちは抑えきれず、今の関係が崩れるのも怖く、どんな考え方でいたら楽しくなれますか？

（佐賀県・35歳・女性）

ダイジョーブタからの回答

その気持ち、よくわかる……ガックリするよね。でも占いって、あくまで「今のキミのまま進んでいくと、そうなる可能性が高い」というだけなんだ。どんなに可能性の高いものでも、それを聞いたときからキミの行動が変われば、確実に未来は変わる。
はじめはほとんど可能性がなかったのに、彼へ感じる純粋な「好き」の気持ちにワクワクしながら行動していたら、いつのまにか可能性が増えて結婚した例は、ボクのまわりにもたくさんあるよ。
その占い師に言われて、キミが「彼をやめよう」とすんなり思えなかったということは、それがキミの本音（答え）だよね!?　ガッカリするということは、彼のことが好き、ということだよね。
だったら、そこを見つめてワクワクしながら進んでい

けばいいんだ。占いは自分の心のリトマス紙と思えばいい。

占いの捉え方、運命はどこまで決まっているか、については、帆帆ちゃんの『占いをどこまで信じていますか？』（幻冬舎）に詳しく書いてある……参考になるといいなあ。

ほんとうに好き
ってことが
よくわかった

占いは「ひとつの可能性」にすぎない。

Fortune telling shows nothing more than one possibility.

自分だけ幸せになっていいの？

相談内容

（浅見帆帆子さんの）ドリームカードで、「まず自分から幸せになってよい」というカードが出てくることが時々あります。それを実行していく上で、自分さえ良ければと思われてしまわないために気をつけることを教えてください。

（岩手県・50歳・女性）

ダイジョーブタからの回答

状況によって答えは違うのだけど、「自分で選び、その選択に責任を持つこと」だね。

たとえば、自分が「それ」を選ぶことが、今の自分にとってどのくらい大切かということをまわりの人にきちんと説明する……これも「選択に責任を持つ」ということだよね。自分の言動によって起こる、まわりへの波紋のフォローをする、ということ。これをすると、「自分さえ良ければいいと思っている」とは思われにくくなる。

または、こういうケースもあるよね。

自分の本音では嫌だと感じていることをこれまでずっと我慢してきた、それを変えたいと思うけれど、それを行動に移すとなにかが乱れたり、崩壊したり、悲しむ人がいる……ということ。

でもよく考えると、一番はじめに自分が我慢したまま進んで来てしまったことに責任があるんだよね。まわりの人が幸せでも、そこにキミ自身の我慢があるとしたら、キミひとり分の幸せは犠牲になっているわけだ。その無理を一生背負って行くという責任をとれるなら、

「我慢」という状態を選ぶのもひとつの生き方。でも、その無理がいつか吹き出すのであれば、早く整理をした方がいい。

はっきり言うと、「我慢」をしている人はえらい、というのは思い込みだとボクは思う。自分が我慢しないで済むように、まわりの人と向き合ったり、話し合ったりする努力を放棄している、とも言えるんだ。

「自分が勝手なことをしたら、今の平和が維持できない」というのは思い込みで、進み出してみたら、まったく違う形でみんなが丸く収まる、ということはよくある。向き合う勇気がないだけ。

これまでのものが壊れるのが恐いだけ。でも一度壊れることによって、もっと全体が調和する新しい状態になったりする。

自分の本当の幸せに気付いてそれに進み始めたとき、きちんと説明したのに「自分だけが良ければいいと思ってる！」という見方をする人は、その人の考え方の方が悲しいね。

一緒に応援してくれる人と一緒にいたいよね。

ダイジョー
ブッダの教え

「我慢はえらい」は 思いこみ。

There's nothing admirable about
holding yourself back.

あとがき

　今から10年以上前、「ダイジョーブタ」というブタが出てくる絵本を描いていたとき、物語の次が思い浮かばなくて昼寝をしたら、夢にダイジョーブタが出てきて話の続きをしゃべってくれた……それ以来、私のダイジョーブタはたまに夢に登場してきます。

　同じ頃、伊勢神宮の私の大好きな神職の方が、なかなか深いことをつぶやくダイジョーブタを見て「これはダイジョーブッダだね（笑）」と言われたことから、私の中ではすっかり「宇宙とつながっているブッダ的存在」として位置付けられたのです。

　ダイジョーブタは私自身なのか、外部の第三者なのかはわかりませんが、「ダイジョーブタだったらどう考えるかな？」とイメージすると、自然と答えが浮かびます。

　その答えは質問に対しての「正解」ではなく、あくまで考え方のサンプル……「こんな捉え方もあるよ！？」「こんな風に眺めると、世界が広がるよ！？」という提案です。

　ダイジョーブタの世界のように、それぞれの人が、自分の本音に素直に、他者との比較なく、依存なく、媚びることなく、自立した個人で人生を味わうことができますように。

浅見帆帆子＆ダイジョーブタ

浅見帆帆子 作家・エッセイスト

東京生まれ、東京育ち。青山学院大学卒業後ロンドンに留学、インテリアデザインを学ぶ。帰国後執筆活動に入り、代表作『あなたは絶対！運がいい』（廣済堂出版）、『大丈夫！うまくいくから』（幻冬舎）をはじめ、著書は50冊以上、累計450万部以上のベストセラーとなり、海外でも広く翻訳出版されている。
共同通信「NEWSMart」で、コラム「未来は自由」を連載中。
全国で1000人規模の講演会を満席にする実績があり、数千人の会員を持つ公式ファンクラブ「ホホトモ」を通して、読者との交流も積極的に行っている。
独自の感性によるファッションセンスが話題を呼び、2011年オリジナルブランド「AMIRI」が誕生、ライフスタイル自体が注目されている。

公式HP http://www.hohoko-style.com/
Facebook http://www.facebook.com/hohokoasami/
AMIRI http://hoho-amiri.com/

イラスト	浅見帆帆子
デザイン	吉村亮　眞柄花穂　大橋千恵（Yoshi-des.）
DTP	キャップス
校正	鷗来堂
翻訳協力	ラパン

ダイジョーブタが
あなたの悩みを解決します！

2016年6月1日　初版発行

著者	浅見帆帆子
発行者	太田　宏
発行所	フォレスト出版株式会社
	〒162-0824
	東京都新宿区揚場町2-18　白宝ビル5F
	電話　03-5229-5750（営業）
	03-5229-5757（編集）
	URL http://www.forestpub.co.jp
印刷・製本	中央精版印刷株式会社